图解服务的细节

066

食品ネットショップ「10倍」売るための教科書

让食品网店销售额增加10倍的技巧

[日] 长山卫 著

余湘萍 译

人民东方出版传媒
People's Oriental Publishing & Media
東方出版社
The Oriental Press

图字：01-2017-7284 号

图书在版编目（CIP）数据

让食品网店销售额增加 10 倍的技巧 /（日）长山卫 著；余湘萍 译. —北京：东方出版社，2018. 5
（服务的细节；066）
ISBN 978-7-5207-0283-6

Ⅰ. ①让… Ⅱ. ①长… ②余… Ⅲ. ①食品—网店—商业经营 Ⅳ. ①F713. 365. 2

中国版本图书馆 CIP 数据核字（2018）第 047704 号

服务的细节 066：让食品网店销售额增加 10 倍的技巧
（FUWU DE XIJIE 066：RANG SHIPINWANGDIAN XIAOSHOUE ZENGJIA 10BEI DE JIQIAO）

作　　者：［日］长山卫
译　　者：余湘萍
责任编辑：崔雁行　高琛倩
出　　版：东方出版社
发　　行：人民东方出版传媒有限公司
地　　址：北京市东城区东四十条 113 号
邮　　编：100007
印　　刷：北京文昌阁彩色印刷有限责任公司
版　　次：2018 年 5 月第 1 版
印　　次：2018 年 5 月第 1 次印刷
开　　本：880 毫米×1230 毫米　1/32
印　　张：8. 875
字　　数：149 千字
书　　号：ISBN 978-7-5207-0283-6
定　　价：68. 00 元
发行电话：（010）85924663　85924644　85924641

最大限度地展现商品魅力的四个技巧

对于食品网店来说，最重要的就是怎样让顾客感受到商品魅力的“商品展示能力”。展示的技巧有很多，首先给大家介绍其中具有代表性的一些技巧，以及简单的拍摄商品的方法，等等。

展示技巧之一 向顾客“讲述”商品的故事

网店的特征之一就是能够输送大量的信息。为了让顾客能接受并且购买商品，就要介绍商品背后的故事。

介绍位于北海道高寒地区的仁木街，适合栽培水果，突出其作为蓝莓产地的代表性地位。强调由产地仁木街直送上门。

接着介绍仁木街优越的自然环境，虽然地处降雪地带，但夏季炎热、昼夜温差大。在这样的自然条件下生产出来的作物，含糖量高，色泽鲜亮。

以“仁木街特产蓝莓的讯息”为标题，介绍蓝莓的栽培方法、开花的样子，以及 7 月中旬前后开始进行初次采摘等信息。

我们拜托种植人员……一颗一颗地采摘“很费功夫的哦”

没有比在产地实拍的果实照片更能让顾客安心的了，这是跟踪产品时不可或缺的照片。
右下角的照片中，将一颗蓝莓放在手心，展示出了其大小。

很难采摘的蓝莓

蓝莓的采摘都是人工一颗一颗完成的，因此收获蓝莓是很辛苦的工作。
大多数情况下是大量收割的，这样蓝莓就成了果酱之类的加工原料。而我们的蓝莓是拜托种植人员一颗一颗采摘的，是很珍贵的果实。

蓝莓的美味的食用方法，吃田里刚采摘的肯定是最棒的。由于跟其他水果相比蓝莓的颗粒较小，所以北海道人的吃法是一口吃掉 3 ~ 5 颗蓝莓。

如果用机械来大量收割蓝莓，蓝莓会受到损伤，只能用作果酱等产品的原料。因此，要向顾客声明，这里采用的是很费工夫的、人工一颗颗采摘的方式。

将田里刚采摘的新鲜蓝莓从农场直送上门

这是采摘之后等待出货的蓝莓的照片，能够有效地向顾客传递刚采摘的临场感，以及分量感。

（☞ 121 页）

展示技巧

之二 以写实感和临场感来刺激顾客的食欲

对于食品网店来说，很重要的一点是如何向消费者传递“美味”。让我们通过展现商品的“写实感”和“临场感”，来勾起顾客的食欲吧。

海产品的美味和新鲜度要通过“光泽”来传递。用蘸水的毛笔濡湿商品的表面，补充水分以后再进行拍摄。

（☞ 039 页）

虾的新鲜程度也是通过虾背部的光泽来呈现的。稍稍改变拍摄的角度就会呈现不同光泽，因此要一边看着镜头，一边寻找看起来最美味的角度，然后进行拍摄。

（☞ 039 页）

通过特写镜头表现出烤鳗鱼表面的真实质感，升腾的热气勾起了食欲。

（☞ 198 页）

添上一把叉子，就展现出了蛋糕的质感和柔软度。

（☞ 198 页）

用照片来传递美味的有效方法之一，就是特写镜头。照片中，用特写镜头捕捉到了蜂蜜滴落的真实感觉，展现出了食材表面的质感。

（☞ 078 页）

如果想要给人以“冰凉的感觉”，使用干冰，达到像照片中这样的效果。

（☞ 201 页）

滴着果汁的蜜瓜演绎出“现在正往嘴里送”的情景，表现出了写实感和临场感。照片配上与之相应的广告语，进一步提升了效果。

（☞ 127 页）

如果拍摄葡萄的话，可以将其中几颗去皮，露出果肉部分。这一技巧在演绎“水灵灵的感觉”上效果显著。

（☞ 127 页）

红薯上沾了很多泥土，有力地表现出刚采摘的新鲜感；再加上手写感很足的文字，成功地演绎了跃然纸上的生动感。

（☞ 127 页）

展示技巧之三

通过设计和广告语来抓住顾客的心

在顾客无法直接触摸到商品的网店，设计和广告语的表现力显得尤为重要。介绍几个在这些方面下功夫，并获得成功的例子。

要想让商品给人以高级的感觉，背景要使用黑色。同样是年节菜，高档的商品背景用黑色（左图），廉价的商品背景用白色（下图），由此可以调控商品给人产生的印象。

（☞042页）

对粉色调的商品，整个页面的色调也要统一成粉色调。适用于目标群体为女性的商品，要设计得可爱一些。

（☞090页）

甜点属于嗜好品，不仅仅是商品的照片，设计场景的照片也是很有效果的。左图演绎出了午茶的场景，右图则演绎出了生日派对的场景。

（☞ 081 页）

送礼用的商品，其包装也是卖点之一。在这一实例中，不仅展示了手提袋和商品说明书的照片，还通过照片展现了“打开包装瞬间”的情景。

（☞ 096 页）

有时尝试以玩乐的方式来展现商品，也是很有效果的。这个用筷子来食用芝士蛋糕的照片引起了很大的反响。这一创意源自“山形县的老奶奶纯手工制作”的特性。

（☞ 108 页）

因故促销的商品怎样表现出分量感，这一点很重要。这张照片为了展现明太子的量之大，把明太子盛在米饭上，摆放了 10 碗，这一手法深受好评。

（☞ 155 页）

“像橄榄球一样”这种富有想象力的表达给顾客留下了印象。尤其对于家庭主妇这类顾客群体来说，“能够放进冰箱的大小”是重要的宣传点。

（☞ 139 页）

在这个例子中，把蜜瓜称作“蛋”，给人出其不意的感觉。再加上独特的手写文字，给顾客留下了深刻的印象。种植人将蜜瓜捧在手中，成功地展现了蜜瓜的大小。

（☞ 139 页）

这是用于网购中心广告的一个旗帜广告图片。实际显示在电脑上的尺寸要稍微小些。登在中心广告的图片关键是要醒目，色调对比调到最大。蟹的红色、套盒的黑色、背景的白色，要突出颜色的对比度。

（☞ 073 页）

销售农产品等商品，在介绍商品的同时，介绍一些烹饪方法，可以提高吸引力。右边的照片中，介绍了用土豆制作薯条的方法。

（☞ 130 页）

这个例子更进了一步，在介绍用名叫“印加瞳”的土豆做汤咖喱的菜谱的同时，还搭配咖喱酱进行组合销售。介绍烹饪方法也体现了对顾客的热情。

展示技巧之四 通过数字体现出来的限定感和认同度来“推动”顾客

利用数字的客观性和说服力的方法是千变万化的。我们要掌握促使顾客消费的“最后一推”的技巧。

满意度超过 90% 是惊人的数字，对顾客有很大的说服力。

（☞ 069 页）

上半部分介绍了在活动期间参加抽奖，就有机会中1万日元的策划内容。下半部分告知顾客活动截止日期已经临近，促使顾客抓紧购买。不论哪一部分，目的都是给还在观望、犹豫的顾客最后一推。

（☞ 072 页）

为了突出价格之优惠，可以将标价用大的数字来表示。再加上该优惠活动“3 月份截止”的标语，勾起了顾客的购买欲。

（☞ 142 页）

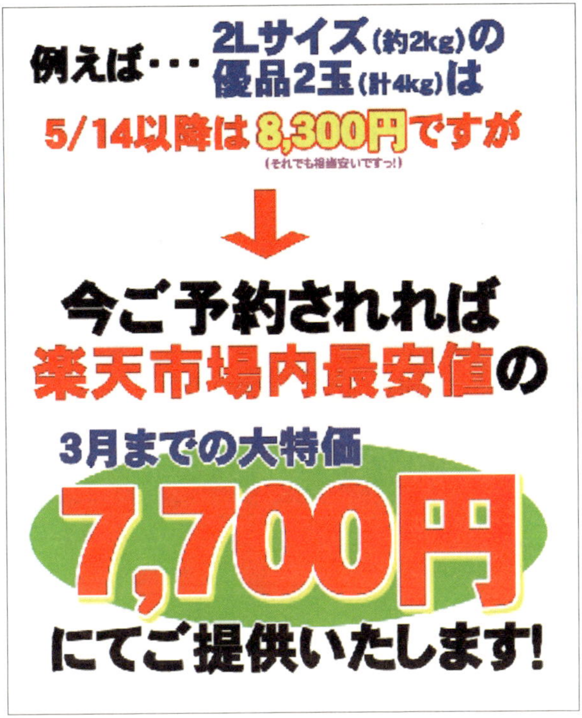

预售促销也是提高销售量的行之有效的方法。左图中的网店从 1 月份起接受蜜瓜的预订。冬季市场上几乎没有销售蜜瓜的店铺，因此能够获得较好的广告效应。

（☞ 142 页）

·谁都能掌握的商品拍摄技巧·

虽说是拍摄商品的照片，也可以不委托专业摄影师来拍摄。只要记住最基本的要领，业余人员也能拍出勾起消费者购买欲望的照片。

只是改变一下拍摄的角度，给人的感觉就会不同。拍摄者要边看镜头边移动，寻找最适宜的角度。（☞ 183 页）

只要调低角度，靠近商品进行拍摄，在分量上就能给人带来如此大的差异。（☞ 183 页）

左右两张照片都是采用微距模式拍摄出来的。我们要舍弃“微距模式只适用于拍摄近景”的观念，经常使用微距模式来进行拍摄。（☞ 186 页）

近景拍摄如果使用闪光灯，商品表面就会模糊不清。

即使稍微拉开一点距离，用闪光灯拍摄，背景也会变得昏暗。

（☞189 页）

在自然光下进行拍摄，就能拍出最写实、最美的照片。

这张照片是委托专业摄影师拍摄的。在带有黑色细条纹的材质上，放有多个套盒，这种采光技术不是业余人员可以轻易模仿的。
遇到此类情形时还是交给专业人士比较好。
（☞208 页）

·分析顾客“动向”的轨迹跟踪·

所谓轨迹跟踪，是记录顾客鼠标移动的所有轨迹，调查顾客在店内的行动的一种方法。（☞054页）

红色部分表示鼠标轨迹最密集的区域，然后依次是黄色、绿色部分。

蓝色部分表示顾客的鼠标几乎不涉猎的区域。例如，某区域往下的部分几乎都显示蓝色的话，我们可以得出“滚动条太长，下面的部分未被阅读”的结论。

序言

◆ 超越现在就能获得成功

2011 年正月食品网络销售业界发生了影响恶劣的“优惠券事件”，消费者利用团购网站所售的“购物券”购买的过年食品不仅到了正月仍未送到顾客家，部分商品还比宣传海报中显示的内容少，并且混入了做工非常粗糙的食物。

买方的愤怒不言而喻，不只是过年食品，连整个业界的信用也遭受了损毁，让人深感遗憾。

虽然对不住受害的顾客以及顶着舆论压力坚持运营网店的各位同人，但我真的认为此次事件也许会给食品网络销售行业带来新的机会。

优惠券事件在社会上引起巨大反响，也让众多消费者开始知道“可以在网上购买过年食品”。我写这本书时是在2011年10月，正是2012年正月用的过年食品销售旺季，在很多店铺缩小规模、退出市场的同时，有店铺与上一年同期相比销售额大幅度增加，这不能不说是常年努力经营而获得顾客信任的结果。

如果此次事件可以促进整个业内反省自察，让更多的店铺意识到诚信经营的重要性，获取顾客的信任，则不失为业内一次新的成长历程。

◆ 如果能够踏踏实实地一点一点做起，食品网店的前景可观

至今为止的十年间，我已经担任过多家食品网店的咨询顾问。在调研并提出各种改进方案的过程中，我本人也学到了很多东西，正因为如此，在实际业绩中卓有成效。

在眼下这样既敏感又充满机会的时期，我将我总结的经验和知识编写成书并出版发行，希望能助读者一臂之力。

有人问我将自己的心血公布于众好吗？同样也有质疑的声音——“这些知识在实际应用中真的好用吗？”“失败了可怎么办？”……

尽管如此，我仍然愿意这样做。我从实践中获取的经验既不是划时代的技术，也并不像想象的那么难，我只是在做我觉得应该做的事情，是我的职责所在。

不过这也不是简单的事情。如果有人问我本书中的内容是否都在实践中检验过了，我只能回答在每天的实际工作中，我仍在不断思考、验证自己的想法。我在书里总结的内容不是纸上谈兵，要想在竞争中获胜，必须持之以恒、踏踏实实地去干。而反过来看，如果能够凭借自己坚持不懈的努力做出成果，无论是谁都会总结出自己的一套理论、经验教训的。

根据日本经济产业省的调查，零售产业的网络销售市场仅占整个零售市场规模的2%，而其中食品的网络销售也只不过占了0.6%。虽说各店铺是竞争对手的关系，也不过是在0.6%里的小范围竞争。各店铺要想发展壮大，必须依靠整个业界的力量。大家必须团结在一起，总结经验教训，规范市场秩序，扩大整个网上店铺的规模，可以说更大的市场亟待发掘。

本书中介绍的一些技巧都是我基于十年的工作总结出的经验，衷心希望能为各店铺追求高品质服务提供依据，为整个业界的发展做出贡献。

◆ 其实，最了解自己店铺应该朝什么样的方向发展的仍是自己

那么，网店运营者应该先做些什么呢？

虽然我在做咨询顾问之余，也举办过一些关于食品网店开店以及运营知识的讲座，但首先我必须告诉大家的是“网店的运营从根本上来说与实体店并没有什么不同”。

不管是网店还是实体店，提供优质的商品和周到的服务是不变的主题。而真正了解自家商品和顾客需求的仍然是店家自己，剩下的问题就是如何将店家自身的经验和知识活学活用到实践中。这本书中介绍的技巧不过是起到辅助作用，不是一定要具备多么高的技术才能实践。

这么说起来，网络也有网络自有的特点与操作方法。顾客只能通过屏幕上的信息判断是否购买商品，而不能实际将商品拿到手上来比较，因此，“如何将商品最好的一面展示出来”就变得格外重要。本书中会以配上丰富照片的方式，针对具体的知识点简明易懂地加以讲解。

第一章讲到了食品网络销售的基本知识。围绕实体店和网店的不同特点，指出了不败的关键所在。这些基础知识是准备开店和初学者的必备知识。

第二章到第五章介绍了以“过年食品（贵重的高级食材）”“甜点”“农畜产品”“因故降价商品”为代表的商品的销售技巧。穿插了许多能够在实际中应用的内容，应该对各商品销售环节都会有效，希望读者能够通篇阅读。

第六章专门阐述了给商品拍照的摄影方法。尽管很多人认为照片应该聘请专业的摄影师来拍摄，在这里我还是想强调一下我自己的观点，除去必须借助特别专业技术的场合外，最了解自家商品和顾客需求、每天都要和顾客打交道的是店家自己，所以真正能拍出好照片的也同样是店家自己。顺便说明一下，本书中所用的照片几乎都是店员自己拍摄的。

第七章的内容和网络市场有关。要想将网络市场详尽地阐述清楚，需要写一本书。这里主要对必须知道的基础知识进行解说，即使有的内容未加以实践证明，也都是直接关系到结果的重要内容。

◆ 这本书对新店和老店如何增加销售额、如何争取回头客都起到了指导作用

本书将上述内容分成 77 小节，并逐一简明易懂地加以介绍说明。无论是刚开业、正处于摸索阶段的新店，还是正在为销售业绩低迷而烦恼的老店家，都可以将本书内容作为参考，选择适合自身实际情况的内容进行实践。

一定要对所欠缺的技巧进行实践、检验，再实践、再检验，循环往复，进而达到弥补自己店铺不足之处的目的。

本书如果能为您店铺的成长、壮大尽一份微薄之力，将成为我莫大的荣幸！

株式会社 Netshop 总研　董事长

长山卫

目录

第 2 章 利用一年一度的销售，实现 35% 回头率的目标
过年食品（高档、高价食材）销售的要点 15

第 3 章 网评作为销售额增长决定性手段的作用不容小觑 **销售甜点的要点 12**

第 5 章 仅靠“廉价”是抓不住顾客的心的 因故降价商品销售的要点 7

第 6 章 献给业余拍摄人员的 拍摄食品照片的要点 13

第 1 章

食品网店的基本知识

首先须了解的内容 10

01 竞争的多少意味着是否能够胜出

克服困难终会见到曙光

◆“食品”类商铺——加入易，成功难

网店不需要大规模的设备投资，也不必像商品目录那样印刷大量宣传品，所以近年来新开了不少新店。2010 年日本经济产业省公布的数据显示，现在的网络市场规模为 6.7 兆日元，每年以近 10% 的增长率持续发展扩大，本书中要讲到的食品方面的网站所占的比重很大，可以说占整个网络销售市场 15% ~ 20% 的份额。

然而食品也是加入容易、却极难出业绩的商品。不仅商品单价低、价格竞争十分激烈、利润微薄，而且受食品事件的影响，消费者关注食品安全性的目光变得越来越犀利。当然，味道这个大前提也是不言而喻的。

受上述各种因素影响，尽管新开的网店很多，但可以看到因为业绩不佳而撤店的网店比比皆是，这就是当前食品网络销售行业的实情。

◆ 熟知网店特点，走上成功之路

虽然众多店铺的销售业绩一直处于无法上涨的境况，不过，反过来看，正因为消费者的要求越来越严格，如果消费者对某店铺的评价高，店铺口碑好，该店销售额必然会增长。

要想获得顾客良好的口碑，让众多初次购物者成为回头客，就必须想尽各种办法留住顾客。

而网店销售形态的特点是**可以发送大量的信息，很适合和顾客进行双方面的交流沟通。**

正如本书中要讲到的一样，发挥网络独有的特长，做好应该做的每件事，自然会提高销售业绩。

02 对于有信用的店铺，优惠券事件反而会对商家有利

诚信的商家“胜出”的时代

◆ 业界的信誉被大幅度损毁

2011年正月，过年食品出了大问题，大家还记得“优惠券事件”吧？

售卖的过年食品不但没能在正月被及时送到，而且分量不足，做工很粗糙，和网店上的宣传配图完全不一致！此次事件大大折损了整个食品网络销售业界的信誉度。

顺便介绍一下，这里提到的优惠券是商家售卖活动的一种销售模式，消费者如果事先购买了用来购买商品的优惠券，购物时就可以利用优惠券用较低的价格购入该商品，而买优惠券的消费者越多，折扣率就越大，对商家也起到了很好的宣传效果。

◆ 现在正是将灾难转变成机会的时机

针对此次优惠券事件，整个日本售卖过年食品的网店

采取了两种截然不同的态度和措施。

一种是店家判断在网上购买过年食品的消费者会减少，就停止了下一年度的销售活动，或者索性退出市场；而另一些商家认为正因为消费者对食品安全度的要求越来越高，所以全力打造高品质的商品，并就商品的安全性做出宣传，提高本店在消费者心中的信誉度。

要想在愈来愈激烈的竞争中胜出虽然不容易，**对于诚信的商家却不失为绝佳的机会。**

可以说优惠券事件本身对整个业界是个不幸的事件，可正因为本次事件的发生，许多消费者第一次知道原来网上也可以购买过年食品，对商家而言，同样是将灾难转变成机会的时机！

03 将亚马逊和食品网店做比较

一个是书籍，一个是食品，销售方法完全不同

◆ 书籍带有“均一”的特点，食品则“各有各的特殊性”

亚马逊（Amazon.com）可以说是网络销售的代表性企业，无论是销售规模还是实际业绩都是网络营销界的典范，所以很多要在网上开店的商家都以为应该按照亚马逊的模式开店。

不过必须看到的是，亚马逊的主打商品是“书籍”，和本书中的“食品”完全是两码事，方法自然也完全不同。书籍是非常特殊的商品，从内容、品质到价格，原则上在各处书店都是一样的。

网络售书竞争的是搜索性能、易读性，以及购买是否方便、送货是否快捷等方面，重要的是系统性能最适化。

从这点来看，食品是与书籍完全对立的商品。独有的品质、不同的价格是食品独有的特点，所以**品质是否优**

良、价格是否合理就成了食品竞争的重要要素。

◆ 书籍重在数据、食品融入情感

书籍和食品的不同之处从各自店铺的屏幕画面中就能显示出来，书店重视网络搜索的便利性与易读性，将封面设计、题目、出版社及价格等项目排列整齐并列表以供读者挑选，书评及读者的回馈内容同样作为数据被显示出来。

和书籍相反，出售食品的网店对有些商品的特点和品质是无法用数值展现出来的，针对这些特点和品质就需要详细加以说明，不少商家**以“故事性”的方式唤起顾客的共鸣**。

与其说是提供数据，不如说是“**商品的展示与说明**”。详细内容请参照第2章以后的内容，在这里只想强调一点，就是因为商品不同，网店的运营方式也完全不同，望读者能够理解并接受。

注重检索性能的网站与注重商品展示的网站

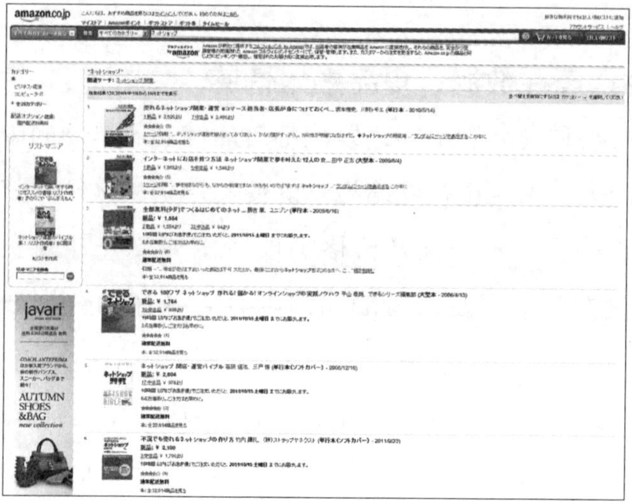

销售书籍的网店的网页设计，注重商品的特性、检索性能和浏览性能

食品网店的页面，信息量丰富，且具有较强的趣味性

04 您的网店销售业绩六成由如何展现商品决定

网店的特点与优势①

◆ 食品网店如何向观众展示所售商品

需要收集与所有商品有关的个性化特点及其背后的故事。其实，店家有很多话想对顾客说，譬如由谁、怎么做出来的？其间发生过什么趣闻逸事呀？为什么好吃呀？怎样吃放心呀？以及怎么做更好吃呀？……想让顾客知道的信息不胜枚举。另一方面，顾客也会对与商品有关的信息、背后的故事充满兴趣。

而食品网络店铺就是可以将商家想说的话传递给顾客的最佳场所。

并且食品网店**销售业绩的六成都与如何将商品展现给顾客相关**。关键在于如何让顾客感受到商品的魅力，并牢牢地抓住顾客的心。

剩下的四成中，两成与广告策略有关，两成与拉回头客的策略相关。广告策略指如何利用刊载图片等方式将潜在的顾客吸引过来；拉回头客的策略则是怎样让已经购物过一次的顾客再来本店买东西。

◆ 照片是“吸引”顾客的第一步

书中用了一个章节的篇幅向读者介绍如何对商品进行拍摄。**照片是食品网店展现商品特别重要的一个要素。**俗话说，“百闻不如一见”，充满诱惑力的商品照片将直接打动顾客的心。

最了解自家商品的应该是店员，所以无须请专业的摄影师来拍摄商品照片，只要请本店的员工进行拍照即可（详情请参照第 6 章）。

即使拍出了好照片，后续的商品说明跟不上，依然会影响商品的销售业绩。利用优质照片将顾客的眼球吸引过来只是第一步，要想挑起顾客的购物愿望，引导顾客购买就要靠接下来对商品所作的说明了。

05 利用照片和视频直接传达出商品的魅力所在

网店的特点与优势②

◆ 借着电子屏幕的透光效果，照片看起来会更加鲜艳

从利用充满诱惑力的照片吸引顾客这点来看，导购杂志具有相同的效果。但从多年的经验来看，**印刷品中照片的效果不如从显示器上看到的照片效果好。**我认为这是因为印刷品靠的是反射光，而显示器靠的是穿透光效果。下面稍加说明。

印刷品的颜色是利用周围的光线反射到纸面，再进入人眼（反射光），与此相对，显示器屏幕中的颜色是背景灯透过显示器直接进入人眼的（穿透光）。通常的室内环境中，穿透光要比反射光显示的饱和度（色彩的鲜艳度）更高，照片看起来会更鲜亮。屏幕上显示出的照片看起来更吸引人，大概就归功于此吧！

不管怎样，如果意识到照片更鲜艳、漂亮这点，会让

网店运营者更有信心吧！

◆“电视购物形式”的普及速度加快

网络销售另一个对商家非常有利的优势就是可以使用视频。不管是蔬菜、水果等生鲜食品，还是加工食品，**从可以将生产商品的过程及烹饪方法详细地演示给顾客这点来看，效果好的宣传手段非动态视频莫属。**

并且，动态摄像时可以借鉴电视购物的方法。自从模拟信号向数字信号转变后，电视购物成为时尚的潮流，各电视台更是充分发挥数字信号的特点，不遗余力地提升数字化信息的便利性。

而“顾客同样也已经对动态的电视购物习以为常”了，虽然电视购物形式在现在，乃至今后大行其道，是大势所趋，可做出满意的视频则是当务之急（参照 049 页）。

06 熟练掌控庞大数据库的技巧

以弥补网店的不足之处

◆ 传递信息多的商品适合在网络销售

像导购杂志这类印刷品，原则上每种商品的介绍，所占的篇幅顶多在展开的两页范围之内，如果某种商品介绍用了好几页的篇幅，可以说属于极例外的情况。

而网店与之相反，极端点儿来说，网店根本没有空间的限制。尽管前面提到过虽然“商家希望让顾客知道的信息堆积成山”，可在一篇网页（确切地说是一个文件）上再多的信息也是能够承载的。

在第一页介绍基本信息，以链接地址为入口，进而了解下一级更详细的信息，这种阶梯型构造是网络独有的特点，非常便利。如果顾客愿意，可以通过点击来进一步阅读并了解详情。

可以说信息量大的商品很适合网络销售。

◆ 努力构建可扩大商品信息的结构体系

从这点上来看，导购杂志更具优势，其“一目了然”的特点，即基本上一翻开书，展开的两页内容就可尽收眼底，商家所传递的信息更易被读者所接受。而网络上的很多信息不滚屏读到最后是无法让人真正了解全部内容的，所以对商家来说，一项很大的挑战是如何引导消费者继续往下看。

好的阶梯型构造当然便于消费者阅读，可如果设计不好，不合理的构造会将其优势转变成劣势。看导购杂志的话，如果想看哪页翻翻就到了，而网店的结构如果设计得非常复杂，让读者无法掌控全局，恐怕想查阅某种商品也无从下手，完全可能在浩瀚的商品堆里迷失方向。为了避免出现这样的情况，在设计网店的页面结构时，**随着信息量的增多，必须设计出便于消费者阅读的合理的网页结构。**

理解了网店的上述特点后，就必须对如何发挥网络销售优势的方法进行学习。

要搞清楚网络的优点与缺点!

< 导购杂志的特点 >

导购杂志对商品的介绍，原则上不能超过两页内容。其优点在于能够通过两页的内容让顾客对商品信息一目了然

< 网店的特点 >

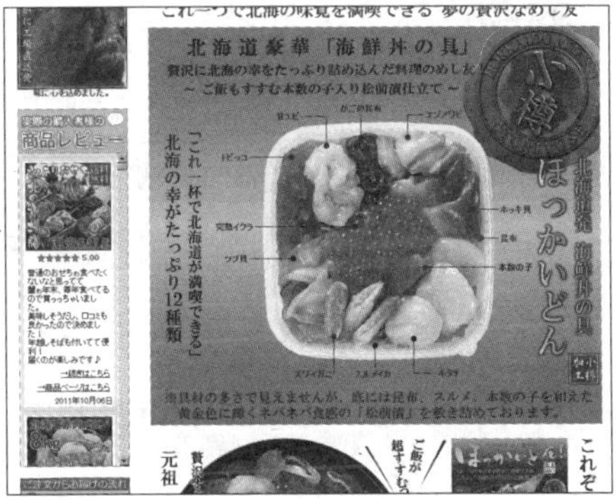

分层次的结构设计，通过点击链接进入下一个网页，可以了解商品更详细的内容，便于感兴趣的顾客继续浏览

但是，因为网络不具备让人一目了然的特点，如果网页设计不到位，会使顾客迷失其中，难以把握店铺的信息

07 对于大家所认为的不适合在网店销售的商品

要怎样才能发挥出网络的优势呢?

◆ 对现在的网络销售市场来说，没有网上不能卖的商品

有实际上不适合在网上销售的商品吗？就现在的网络销售市场来看，几乎没有网上不能卖的商品。

网店最大的优势就在于其便利性，“在家就可以把东西都买了”。很多人认为最适合在网上购置的商品有哪儿买都一样的东西、自己不好搬的东西以及必须跑到很远处才能买到的东西等。

具体来说大致是书籍、门票、日用品，以及米、特产等物品。其中除特产外，**普通商品更容易被卷进价格战中，所以普通商品不能说是“占优势”的商品。**

而想拿到手上感受一下或者需要根据顾客要求定制的商品，以及贵重的商品一般都被认为不利于在网上销售，像高档衣物、家具、汽车以及不动产等商品。

可众所周知的是，现在这些东西在网上也开始卖得极其普遍。

◆ 重要的是如何将商品展示给顾客并满足顾客的需求

也就是说，重要的是考虑“究竟怎样才能利用网络的优势将商品卖出去”。

例如书籍这种在哪儿买都一样的商品，当然是将大量资金投入开发系统以及加大力度做广告宣传的大企业所经营的网店占据压倒性的优势，但是，专门出售绘本的店铺如果向顾客推荐并介绍符合顾客个人喜好的读物，仍是可以充分得到顾客的支持的。

总的来说，**关键就在于如何充分发挥网络的优势，将商品展现给消费者，以及如何跟消费者打交道。**

08 为在竞争中胜出，商品与价格的一体化战略

执着地经营某一种类型商品，不要轻易更改

◆ 商品的经营范围容易受市场形势的影响而扩大

本来是专门经营甜点的店铺因为进货方便，也开始出售毛利润高的健康食品。然而，因为不懂得健康食品的专业知识，不但健康食品不好卖，还折损了顾客对甜点专卖店的印象，这是发生在我们身边的真实案例。

以前也有过不少这样的情况，像螃蟹专卖店为了在夏天增加销售额，附带售卖一些甜瓜，然而甜瓜的销售情况并不理想。

尽管商品售卖的范围容易扩大，却应该有个限度。除综合食品店和已有一定知名度的店铺外，普通店铺要想在激烈的竞争中胜出，必须**执着地专营某类专门领域的商品，以彻底区别于其他店铺。**

◆ 顾客到底想不想买螃蟹专卖店里出售的甜瓜?

与以往不同，现在网店的数量日渐趋于庞大，没有特色的网店根本不会引人注意。要想给顾客留下深刻的印象，已经不再是“想要什么就有什么”，而是表明立场，“如果是 ××，没有比我们店更好的了”。并且，随着顾客的品位和要求越来越高，同样是买甜瓜，顾客当然会首选水果专卖店，而不是螃蟹专卖店。

不只是所售商品的种类，**商品的价格定位也应该保持在某个范围内**。如果顾客印象中一直都是“价格便宜”的店铺突然开始销售高价商品，该商品应该也不太好卖吧!

相反，高档品专卖店如果开始销售特别廉价的商品，也许当时很好卖，但从长远的发展来看，恐怕存在有损店铺形象的风险。

可以说对商品和价格做好定位，并专心经营“一种商品以定胜负”，是通往成功之路的必要条件。

09 虽然实体店经营得很成功，网店却失败了的原因

打造一体化运营体系

◆ 要求掌握的电脑技术难度并不高

在当地口碑很好的面包房实体店，一开始在网上销售就失败的案例并不少见，而实体店虽然成功，网上却并不一定能成功主要有两个原因。

首先，虽然烤制面包的技术过硬，却欠缺了计算机或网络的相关知识、技能。

以电脑水平不高为借口而关闭网店的店家虽然很多，其实网上开店的必备知识以及技术难度并没有想象的那样难。从现在起开始学，是完全能够追上时代的步伐的。

如果想快点儿掌握相关技能，与其自己一个人悄悄地学习电脑知识，不如**参加网店运营的学习研讨会，或者咨询网店运营代理商**。这样既可以得到与必要知识有关的中肯的提议，还可以接触到志同道合的同伴，获取积极向上的正能量。

◆ 实体店与网店的口碑是互相影响的

网店经营得不好的第二个理由是将实体店和网店区别对待。举个例子来说，有的店铺就是加大力度经营网店而忽视了实体店的销售，甚至有时将网上卖不动的东西调回实体店销售。

这种方式在短期内可能会将卖不出去的商品卖光，提升了销售的效率；但这样做会让原本口碑越来越好的实体店在顾客的印象中变得越来越差。其恶劣影响又会反作用于网店，结果**可能会拉低整个店铺在顾客心中的位置。**

相反，将实体店卖剩的商品放到网上销售，在竞争如此激烈的市场中，应该也不会有好的业绩。必须将实体店和网店一视同仁，保持线上线下相同的品质。

10 自己开网站还是成为网上加盟商，比较后再做决定

通常是先加盟，成熟后再开办自己的网站

◆ 网络购物平台的会员所有权归网络购物平台

开网店时需要考虑“网店在哪里开”的问题，即，是在自家的网站上销售，还是加盟某个网站。如果要加盟某个网站，还需决定应该加盟哪个网站。

网店运营的销售策略已经离不开“会员制”，可以说长期来网店购物的回头客已经成为店家的“资产”。在自己的网站进行销售，最大的好处就是该会员资产的所有权归店家自己所有。

如果加盟某个网络购物平台，该所有权属于网络购物平台，即**按照网络购物平台的协议，加盟商的会员相当于“借用网络购物平台的会员”**。假如网络购物平台拥有几十万的会员，那么除网络购物平台指定的促销活动外，是禁止加盟商直接向会员开展活动的。而自己开办网站，因为会员的所有权归店家自己，不但可以自行制定会员条

例，还可以按照该公司的营销策略自行开展各项活动。并且，作为加盟商，需要将销售额按照一定的百分比支付给网络购物平台方；而如果网站是自己的，会留有更大的利润空间。

◆ 建议刚开始开网店时，先作为加盟商加盟网络购物平台

虽然我们前面已经讲述了自家网站的各项优势，可对于第一次开网店的店家，还是建议先加盟网络购物平台。因为网络购物平台可以提供给店家必需的全部专业知识及技术，不必担心“不知从何处入手”的问题。

而且，因为自己开网站的利润率较高，**很多店家会先加盟网络购物平台积累经验，待利润稳定后，渐渐缩小网络购物平台上的供货，转向经营自己的网站。**

跨出开网店的第一步是需要十足的勇气的。稍感不安时，可以向运营代理公司等处的专家咨询。

比销售更重要的是“醒目”

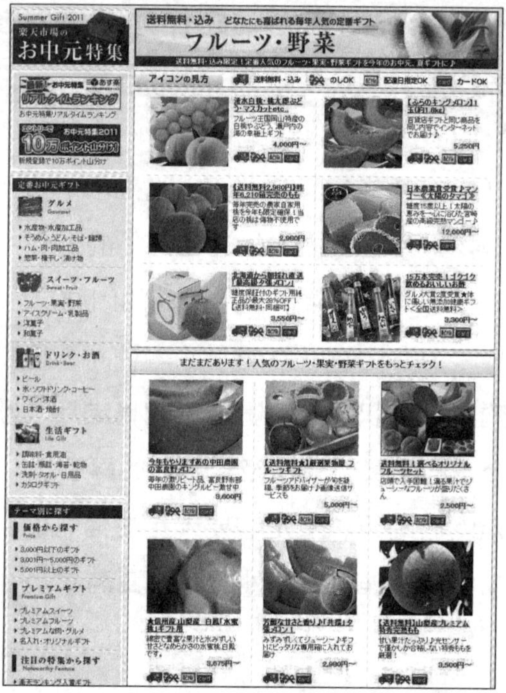

各章末尾的栏目会介绍网络购物平台广告的图像处理技术。在乐天、雅虎等代表性网络购物平台中，设置了年货以及情人节等季节性主题的广告空间，经常会将20~30个店铺的广告一字排开。

网络购物平台广告由像素为 200×200 左右的图片和数行文字构成，但因为是 20~30 个店的广告，通常是图片醒目的店家的点击率较高。在网络购物平台广告中，图片是否显眼甚至比商品是否吸引人更重要。

现将让网络购物平台广告更醒目的四种主要方法归纳如下。

① 图像的对比度较通常的设定值更强；② 图像的锐度较通常的设定值更强；③ 将人照进图片；④ 赋予图像立体感。

处理图像时必须让人感到稍有极端的倾向。当然，图片的可识别性要强，如果连照的是什么都让人搞不明白，就失去它本身的意义了。

在以下的栏目中将按顺序对上述四种方法依次加以说明。

第 2 章

利用一年一度的销售，实现 35% 回头率的目标

过年食品（高档、高价食材）销售的要点 15

Case Study ①

01 对所售的高档商品尽可能提供详细的信息

以信息量、品质和竞争对手一决高下！

◆ 想购买高档商品的顾客更希望店家提供尽可能详细的信息

无论是谁都不愿意花了大价钱，反而买到不满意的商品，更别说过年食品这种一年仅一次的特别商品了。顾客通常会搜寻包括实体店在内的很多店铺，反复斟酌比较后决定购入哪家的哪种商品。从这点来看，就要求店家必须尽可能从各个角度提供给顾客信息，以和其他店区别比较。

而网店最有利的一点正是可以提供大量的信息。导购杂志可能也会整篇幅地介绍某种商品，或者刊登某位名人推荐的文章。电视购物则是雇用解说员对商品的特点流利地加以解说，网络销售与导购杂志、电视购物相比，可以提供给顾客更大的信息量。

正如即将讲到的一样，出售高档商品的网店要想成功，**决定性因素就在于是否能够持续向顾客提供其所需求的尽可能详细的信息。**

◆ 销售高价商品不可欠缺的四类信息

信息的种类	内容
① 商品的基本信息	过年食品的内容、价格、尺寸以及保质期等。即使认为该写的都写了，也要再多检查几遍，以免出现差错或有所疏漏
② 主要信息：商品的特点以及消费者评论	原材料的产地以及由谁生产、是怎样生产出来的、能唤起顾客共鸣的小插曲和信息等。将消费者的评论信息刊载出来同样会收到不错的效果
③ 附属品、服务优惠活动等周边信息	哪份商品可赠送“福筷”？多层格方木盒是纸质的吗？这类细致的信息可以将本店与其他店铺区分开
④ 配送以及结算信息	送货时间以及如何取消订单等信息。因为不清楚上述信息而在要购买时放弃的消费者为数不少

您的网店需要刊载的信息内容

① 商品的基本信息

□数量记载清楚了吗?

□注明总重量了吗?

□提示过敏源了吗?

② 主要信息：商品的特点以及消费者评论

□注明主要原材料的产地了吗?

□对好吃的缘由加以说明了吗?

□刊登消费者的评论了吗?

③ 附属品、服务、优惠活动等周边信息

□记载已装箱了吗?

□请顾客注明贺卡的内容和外包装的样式了吗?

□注明年末年初的供货期间了吗?

④ 配送以及结算等信息

□运费的算法是否注明?

□配送信息是否清楚?

□注明取消订单期限的截止时间了吗?

该表不是为了让店家看看需要检查多少项，而是希望店家清楚这里的信息都应该在商品上加以注明。作为提升销售额的必要条件，请店家一定要逐条加以确认，您会发现这其实并没有想象得那样难!

02 用推销术模式来考虑如何设计商品介绍模板

符合顾客购买心理

◆ 推销术的技巧

优秀的推销员利用巧妙的谈话自然而然地将顾客的注意力集中至商品，并引导顾客进行购买。可以这么说，他们也不是完全的即编即说，而是按照业界建立的基本模板开展的，该方法同样适用于网店如何提供信息。

举个例子来说，导购杂志介绍一种商品的信息，一般最多在展开的一个幅面（两页内容）上，顾客在掌握整个内容的同时，可以查看自己感兴趣的内容。这就是所说的一览性。

而网上一次能看到的范围有限，如果不滚屏就无法阅览全文。正因为顾客无法一下子掌握全文，对店家来说重要的就是如何建立模板，引导用户滚屏到一个个地址。

一定要慎重考虑模板的结构，**引导顾客展开页面**，而不是总在注意到时才追加、补足信息。如果像过年食品这类高档商品的销售信息，只用一张 A4 大小的幅面简单地加以介绍，应该不会在激烈的竞争中取胜吧！

◆ 打造符合顾客购买心理的方案

在广告的世界里，有一个被称为 AIDMA 的有名法则，从顾客知晓商品到购入的全部心理过程，分为注意（Attention）、关心（Interest）、欲求（Desire）、记忆（Memory）、行动（Action）几个阶段。

制作网店的模板同样适用该法则。大致的流程是**在顾客迟疑不决时，以理性的诱导刺激顾客的购买欲望。**

首先，要吸引访问网店顾客的注意力，接下来，通过展示的样品来吸引顾客关注并刺激顾客的购买欲。从顾客不一定马上购买这点考虑，争取让顾客记住该店铺并持有好感，还要想办法促使顾客尽快购买。

打动顾客的年节菜的情节展开

① **序章部分**
颇具视觉冲击效果的图片，配上简洁易懂的广告语，让顾客产生“哇！”的感觉

② **商品的背景介绍**
说明产地、制造者等商品的核心信息

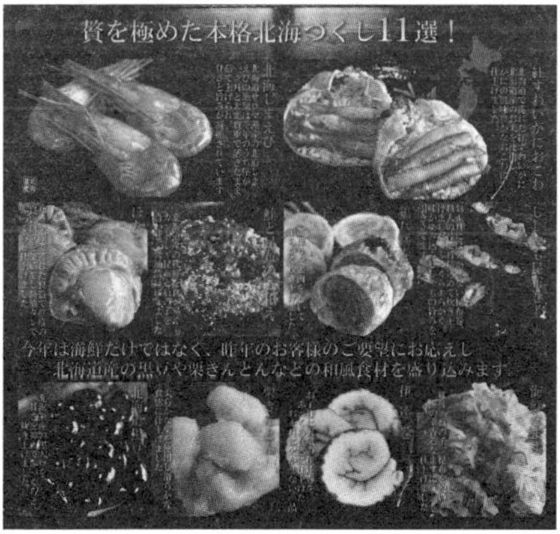

③ **商品说明**
着重介绍重要的食材

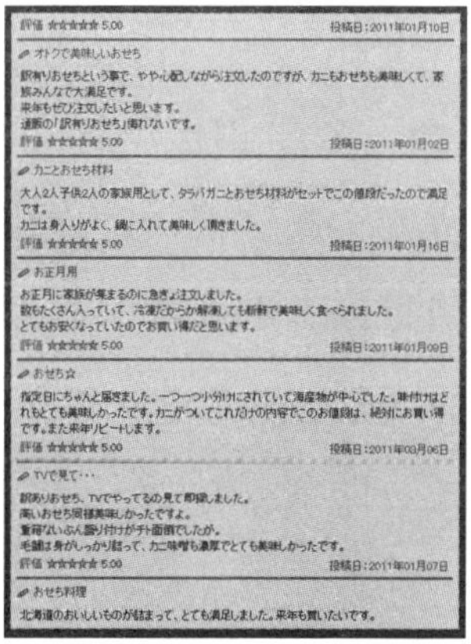

④ **顾客给予的客观评价**
不仅要有店铺对商品的宣传信息，还要增添顾客对商品客观的评论内容，以此来提高信用

03 对照片进行裁剪，以几乎溢出的效果突显商品的美味及立体感

将商品魅力发挥到极致的拍照方法

◆ 必须清楚地明白商品照片的影响力

如上所述，在食品网店的销售策略中，如何展示商品占据了商品销售行情近六成的影响力。而商品的照片占到了商品展示的影响力的一半。运用 AIDMA 法则，就会发现商品的照片对注意（Attention）、关心（Interest）、欲求（Desire）、记忆（Memory）、行动（Action）的整个心理过程都会起到很大的作用。**商品的照片在将顾客的注意力吸引过来，到最终引导顾客购买商品的全过程中，都会发挥巨大的影响力。**

而很多时候，对顾客不具吸引力的照片都成为顾客与商品擦肩而过的主要原因。既然商品的照片对顾客有如此大的影响力，那么店家在拍摄和刊载照片时必须倾全力打造出满意的效果。

◆ 利用特写效果，充分展现出商品的魅力

那么，怎样才能拍摄出满意的过年食品的照片呢？

第一点，尽可能**使用特写镜头，并对照片进行裁剪，使得刊登出照片中的商品具有仿佛会从照片中溢出来的3D 立体效果。**这样的照片无论从质感，还是豪华程度、立体感来看，都完全不同于普通照片，让人备感食品的美味。该方法不仅适用于盛放在多层格方木盒中的商品，对大虾、鱼子这些单食材也都不失为非常有效的方法。

顾客如果想进一步了解该商品，就会点击进入该商品所在的店铺，以了解整个商品。如果试图将整个商品都摄入照片，就会出现余白。而余白会占用超出想象的更多的空间。虽然，店家希望商品给顾客留下丰盛的印象，然而，即使实物既豪华又高档，占据空间三成左右的余白也会很大程度地影响到将美味传递给顾客的效果，甚至让美食看起来很寒酸。

在列出所有商品的网页中，更适合采用商品目录杂志中所用的照片的样式，以便让顾客一眼看到各个商品。

最大限度地展现出商品的美味和豪华！

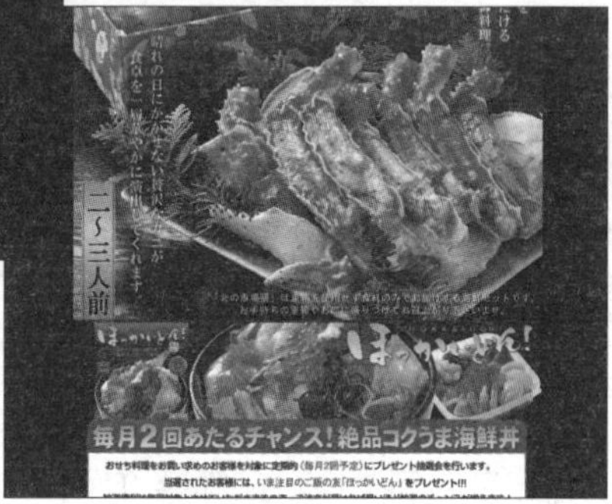

即使是同一种商品的照片，裁剪方式不同也会带给人完全不同的印象

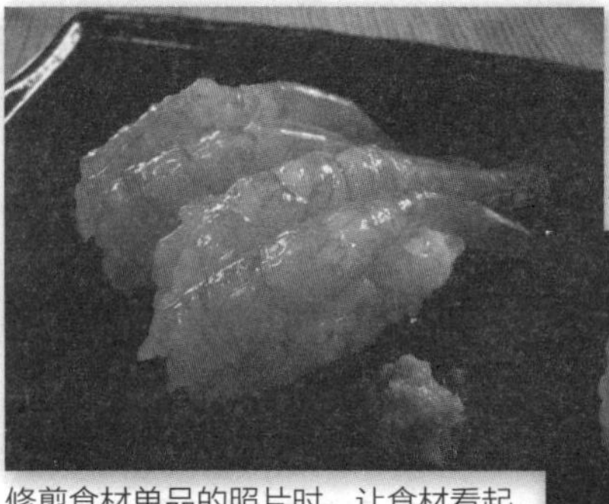

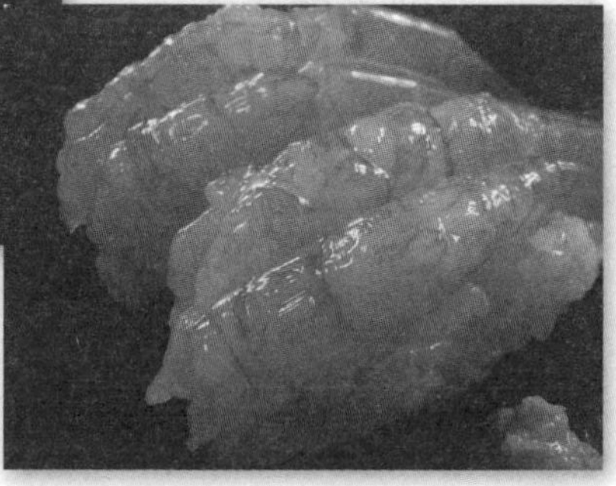

修剪食材单品的照片时，让食材看起来仿佛要超出照片的边框，这样可以让食材看起来更豪华

04 利用光泽刺激消费者的食欲

其实在摄影上稍下功夫，甚至可以左右销售的业绩

◆ 表现素材质感的方法

一个劲儿往外涌的泡沫以及濡湿的玻璃表面上的水滴的特写，都是啤酒广告中常见的镜头。

对商品拍照的第二点就是**如何真实地表现出食材的质感**。以啤酒为例，拍摄出的啤酒特写镜头甚至可产生像“刺激”观者嗓子里流过啤酒的效果。过年食品中一粒粒闪光的鱼子和润滑的栗子糕，以及脊背熠熠生辉的大虾，都会向消费者传递出既美味又新鲜的信息。而没有光泽的平淡无奇的照片是无法达到该效果的，这些细微的差别甚至可以左右商品的销售业绩。

直接给商品拍照是无法充分表现出商品的光泽的。必须在按下快门前，用含水的小毛笔将鱼子或者大虾的表面濡湿。该步骤必不可少（拍照的要点请参照第 6 章）。

◆ 拍下享用美食前瞬间的商品样态的照片

不仅是已盛放到多层格方木盒中商品的照片可引起顾客的食欲，享用美食前瞬间的商品样态的照片可以起到相同的效果。

如用筷子夹起牛肉卷送到嘴边的镜头、对鱼糕一角浸入酱油的瞬间抓拍、将生鱼片拼盘时的照片都会收到不错的效果。第三个关键点就是**如何引导顾客联想到食用商品时的感觉，以勾起顾客的食欲**。

尽管照片是非常重要的因素，可以很大程度地影响到商品的销售额，可食品网店用到的照片并不要求太高的摄影技术，即使不聘请专业的摄影人员进行拍照，普通的店员也都可以胜任。不是为拍照而拍照，而是在**清楚地意识到究竟如何展现商品**的基础上进行拍摄。

将美味展现出来吧

为了让每一颗鲑鱼子都散发出光泽，可以用蘸水的小毛笔濡湿其表面后拍摄

用小毛笔润过的大虾脊背，拍出来显得熠熠生辉。能拍摄出光芒的角度是有限的，因此要移动照相机，寻找最佳的拍摄角度

将生鱼片装盘，营造出摆放在餐桌上的情景后进行拍摄。关键是能否拍出更美味的效果

在火腿表面的光照上下功夫，再用叉子挑起一片火腿，展现出真实的质感

05 利用纯黑色演绎商品的高级感，用红色收缩画面

了解颜色的效果，考虑如何对画面进行配色

◆ 商品看着就高档，会让消费者产生满意感

如果路易·威登的店铺看起来很寒酸，大概没有人会想在店里购买高档包吧？出售高档商品的商店必须显现出高档大气的感觉，所售的高价商品才会被消费者所接受。

即使擅于展现商品，仍有不少商店因为拍摄展示品照片时，并未对照片的颜色进行加工处理，因以商品的本色示人而蒙受损失。其实这种因为仅差最后一步而遭受损失的情况令人感到非常惋惜。那么，什么样的颜色比较适宜呢？

这是我的经验之谈——漆黑色是可衬托出商品高档品位的代表性颜色。若**以黑色为画面的底色，可让顾客感到商品很高档**。因为过年食品使用了多种食材，色彩异常丰富，再以黑色为背景色加以衬托的话，是可以突出食材色彩鲜艳的特点的。

◆ 控制颜色的数量，在差色上下功夫

需要注意的是，如果黑色的面积过大，会将整个店铺的色调拉暗。虽然过年食品的照片显得非常奢华，即使占用了很大的空间也没有关系，可文字多的画面背景因为是清一色的黑色，会让整体效果显得压抑。

而红色会与黑色产生色差，不仅缓解了黑色带来的负面效果，还提高了整个画面的明亮程度。也可以用金色代替红色，红色和金色都适宜装点过年食品，是可烘托出过年食品豪华氛围的颜色。在以黑色为背景的图片中，点入红色或金色，可起到瞬间收缩画面的效果。

只是如果将色彩用得太过，反而会陷入有损商品高级感的窘境。一般的原则是**限制所用色彩的数量**（不仅对出售过年食品的店铺有效，同样适用于其他所有店铺），如此设计出的照片十分考究。许多店家为了追求效果，愿意使用大量的色彩，可只有对颜色的数量有意识地加以控制，才能烘托出商品的高档氛围。

巧妙利用颜色的差异来调控商品给人的感觉

同样是年节菜，若要区分商品的档次，高价商品的页面背景要用黑色（左图），廉价商品的背景要用白色（下图）

Good！

Bad！

这并非年节菜的例子。颜色使用过度，即便是这样的黑白图片，我们也能看出拉低了商品的档次

06 如何应用独具特色的信息跟踪查询系统

一定要将独具特色的信息作为“信息查询系统”的内容充分利用呀！

◆ 随着消费者对食品安全关心度的提高，店家必须据此及时做出回应

信息跟踪查询系统指逆向追溯商品流通的过程，可确认原材料等生产、加工以及流通状况的系统。像农作物是哪儿的农家、用什么方法栽培出来的？海产品又是哪儿的渔业者、从哪个海域捕获的？各自又都采用了何种加工工艺？信息跟踪查询系统可以确定商品的各种细节，进而成为宣传商品的独有的信息。

请考虑一下顾客从跟踪查询系统中可以获取何种信息。

因为近年来相继出现了从外国出产的蔬菜和加工食品中检测出有损健康的农药等事故，所以消费者对食品安全的关心度空前高涨。而因为不清楚是何处生产、如何生

产，或者不了解商品中包含何种成分而对购买食品有所顾虑的顾客确实一直在增加。所以**明确告知跟踪查询内容，会让顾客对商品感到安心并购买。**

◆ 利用食材背后的故事，衍生出商品的附加价值

信息跟踪查询系统的另一个使命就是承载着“故事”。为什么这么好吃？生产者是怀着怎样的感情生产制作出如此美味的食物？可以说跟踪查询系统承载了商品食材背后的故事。

饮食就是一种文化，过年食品更是装点新年的一大亮点。通过讲述种种食材背后的故事，食物不再是简单的食物，它会衍生出附加价值。

当然，顾客在食用前是不可能一个个跟踪确认信息的，可我们**将每样食材的跟踪查询信息公开透明化的态度，可以让顾客在无形中感受到附加价值。**

用商品跟踪信息让顾客安心，给予顾客期望

左边的例子宣传了该店所使用的牛肉的来源，是用绿色饲料喂养长大的肉牛

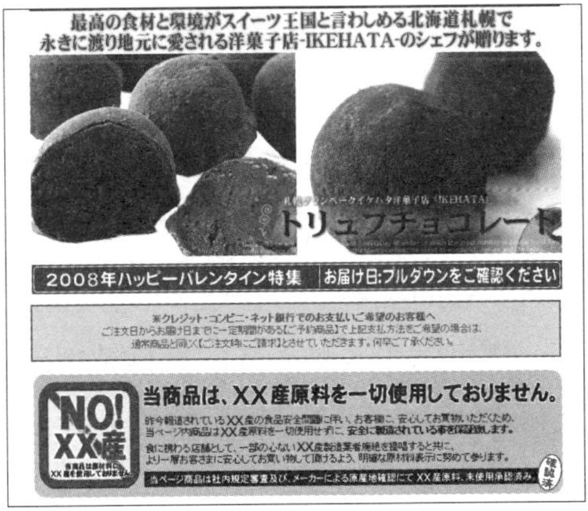

原材料全部产自北海道。声明丝毫未使用某特定地域的原材料

07 讲述食材的故事 从一个人讲到两个人，从两个人讲到三个人

既可以引起顾客的兴趣，又可以赋予顾客安心感的讲述方法

◆ 食材的故事伴随着的四种效果

比如原材料的产地信息可以写入和食材有关的故事。以“在 ×× 卸下的刚捕获的鳕鱼”的广告语开头，配上卸货现场的照片，或者今年的渔业状况的说明。如果商品是“在 ×× 有机栽培的红薯”，可就种植方法刊载生产者的心得体会。无论哪个都是美味佳肴背后的故事，以在信息跟踪查询系统上公开的方式让顾客感到安心。

网店既能将丰富的信息提供给顾客，还能据此在顾客与店家之间产生**四种效果**（品质的保证、赋予顾客安心感、引起顾客的兴趣、网评口碑效果）。

如果以用多种多样的食材装饰出的过年食品为例，那么认真讲述各种食材背后的故事就会起到上述四种效果。

◆ 各个“出场人物”从各个角度提供了讲述的话题

由厨师长亲自介绍佳肴的场面如今已不罕见，因此，讲述其他相关者，如进货或销售人员的事迹同样可以为话题提供丰富的材料。**“由谁做、怎样做？”都可以成为另一个食材的故事。**

需要注意的是，如果以过长的篇幅仅讲述一个人的事情，会让读者厌烦而不再读下去。可以将正在烹饪美食的镜头交付给身怀绝技的厨师长，再由食品开发人员介绍新开发的食材，让能够切身体会到顾客感受的售货员加以评论。这种各自承担的角色，会让商品背后的故事变得更加丰满、生动的方式，值得借鉴。

当顾客觉得“都是些食品开发类的小人物”时，社长就可以亲自上阵了，在真心向顾客介绍食材时，其人品和表情等都会让顾客产生浓厚的兴趣。

以各自的立场讲述商品的魅力

担任创作监修的老字号日料店的老板娘，述说了从年节菜的基本理念，到保障品质下的成本削减等内容

食品制作商，讲述了他们对上一年顾客寄来的所有感想进行核实，并将之体现在今年的食材开发上的过程

08 公开商品策划“幕后”的故事，传递品质与安心感

如果对自己的商品很有信心，就应该让顾客看到制作出商品的过程

◆ 将消费者的反馈公开，可获得顾客的信任并让顾客感到放心

某店铺在迎接新年的时候就开始着手做下一年过年食品的准备工作了。该店铺对正月里购买商品的消费者的反馈迅速做出整理，并进行分析，将结果反映到下一次产品策划中。不仅是消费者对食材的意见和感受，还将消费者对外包装以及配送的评价在网店的评论栏内公开，让公众知道店家不仅对消费者的意见非常重视，甚至不惜花费一年的时间来打造新的令顾客满意的商品。

该店铺做好新商品的策划后，从日本各处采购所需的原材料，并开办一系列制作与试吃活动。店家为了开发出让消费者满意的过年食品，花六个月时间才敲定了新商品的原型。

与信息跟踪查询一样，**公开从策划到制造的全过程，同样会收到让顾客感到放心的效果。**

◆ 利用照片及视频向顾客介绍工厂的状况

在严格遵守卫生部卫生标准的环境中，合理地加工制造产品是上述店铺宣传的重点。通过公开专门的工作人员是如何轻轻地将食材一样样摆入食盒的视频，介绍了将完成的过年食品快速冷冻保存的一系列流程。

并且，通过视频，对工作人员操作过程的细节进行介绍，让顾客了解到如此豪华大餐是怎样被倾心打造出来的。

在介绍制作工艺过程中，**利用拍照或视频让顾客看到工厂的实际运作情况同样会起到很好的效果。**顾客看到了拍摄工厂全景的照片，就不会再对“哪里做的？”的疑问产生不安。尽管卫生管理层面的信息对顾客而言是最为敏感的信息，但如果以照片或视频的形式，向公众演示身着经过严格消毒的全套白衣的工作人员站在流水线前工作的实况，可以说是能向顾客传递安心感的最好方法吧！

要不断地展示为了顾客的利益而付出的努力

宣传花费了很多时间在策划和研究上

展示工厂内的照片，让顾客安心

播放北海道的毛蟹卸货现场的视频，强调商品的新鲜程度和追踪信息

09 搜寻出符合自家店铺信息量的方法

了解顾客自何处“脱离”本店

◆ 顾客需要知道何种程度的与过年食品相关的信息量

尽管网店的特点是可以承载无数的信息，然而想了解顾客到底寻求何种信息并不是件简单的事情；而想购买高档商品的顾客在反复思考是否购买该商品时，**会希望店家提供尽可能详细的信息，甚至有些信息是出乎店家意料的。**

话虽如此，可任何事情都是有限度的。虽然同为过年食品，消费的群体定位在哪个消费层，或者该店是新店还是老店，所需的信息量也不一样。所以我无法用相同的标准，衡量出适合各店的数据量或者文本量。因此，建议店家通过掌握和分析顾客在屏幕上的动作，探寻出适合自家店铺所需要的适合的信息量。

◆ 利用“轨迹跟踪”技术，调查与脱离该店有关的数据

可以通过“脱离率”或“成约率”来掌握并分析顾客的行动。在对访问数据进行分析后，如果脱离率（来访却没有成交的比率）的值很高，证明很多顾客因为丧失了对商品的兴趣而离开了。

首先要考虑，出现这种情况的原因**是否是信息量过多，导致页面太长**？当然不一定是信息量太大的缘故，但必须查看是否有减少信息量、缩短页面的必要。

而且，要想准确地掌握顾客的动作，可以使用**“轨迹跟踪技术”**。它以前是用来跟踪记录司机驾驶时视线等轨迹的技术，在当今的网络世界中，同样可以用该技术记录下电脑用户所使用的鼠标的移动轨迹。

利用轨迹跟踪技术，可清楚地掌握顾客在店铺中的“行动”。也就是说，鼠标轨迹集中的地方会变成红色，蓝色的区域则是基本上没被阅览的区域。一般来说，一个网页中越往下鼠标移动过的轨迹会越少，如果只剩下蓝色，说明很多顾客已经离开了该网页，不再往下看了。

找出导致顾客离开店铺的地方

（轨迹跟踪调查的图像）

将顾客鼠标轨迹密集的区域和稀少的区域，用不同颜色区分开来

若滚动条下方鼠标轨迹密集度很低，表示这部分往下的内容没有被浏览。可以在此处终止信息的登载，或者设置引导至购物车页面的按钮

另外，这项轨迹追踪服务仅限于乐天等的购物中心网页，除此之外无法使用

10 店家没有想到的而顾客想知道的信息

不会过敏吗？怎么解冻呀？

◆ 标识出过敏原，让所有顾客感到放心

在过年食品中，会用到大虾、螃蟹、青花鱼、鸡蛋等多种多样的原材料，所以也有不少顾客会担心是否会过敏。对这样的顾客而言，将所有食材的过敏原清楚地标识出来，既显现出店家的诚意，也是店家的责任所在。

在导购杂志中，有时会用方便却非常小的文字，密密麻麻地将过敏原记载出来。由于文字过于细小，顾客看起来很吃力。将过年食品中的数十种食材的原材料以及过敏原全部清楚地标识出来，是网店的强项所在。

店家将过敏原清楚地标识出来，可**成为获取所有顾客（不仅是烦恼于担心产生过敏的顾客）信任的要素**。不仅要将过敏原写清楚，更不要忘了将添加物也表示出来。

◆ 顾客的一句怨言都可看作“冰山的一角”

某店铺收到了顾客这样的声音：“全都是好吃的，可怎么解冻才能保证原味不流失呢？”

于是该店铺将如何快速解冻的步骤制成手册，附在商品上。并站在顾客的角度，检视是否还在其他方面存在相同的疏漏，将如何剥开螃蟹的方法同样制成手册。该店铺还在网页上添加了上述内容。

即使只是一句怨言，也如同冰山的一角，代表了许多有相同感受的顾客的心声。**该手册让顾客感到很贴心，消费者不仅可能成为回头客，翌年再次购买，还可能因此推荐身边的亲戚朋友们购买，其效果不容忽视。**

对专业人士来说很简单的一件事，但在作为外行的顾客眼里可能会非常棘手。上述的事例表明站在顾客的立场，考虑顾客的种种需求十分重要。

必须登载顾客真正需要的信息

在弹窗中显示过敏原一览表

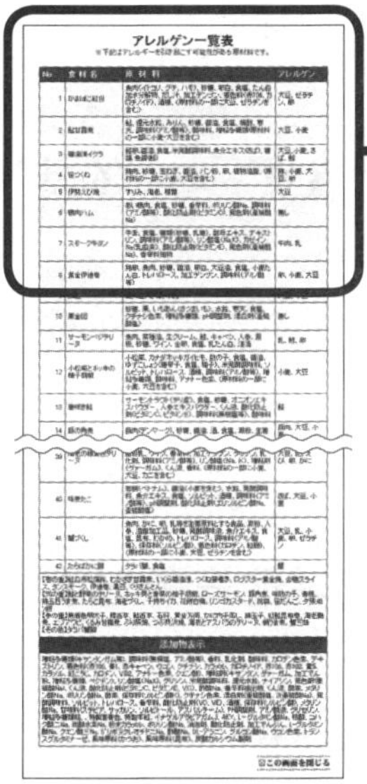

アレルゲン一覧表

※下記はアレルギーを引き起こす可能性がある原材料です。

No	食材名	原材料	アレルゲン
1	かまぼこ紅白	魚肉（イトヨリ、グチ、ハモ）、砂糖、卵白、食塩、たん白加水分解物、だし汁、加工デンプン、着色料（赤106、カロチノイド）、酒精、（原材料の一部に大豆、ゼラチンを含む）	大豆、ゼラチン、卵
2	鮎甘露煮	鮎、還元水飴、みりん、砂糖、醤油、食塩、梅酢、寒天、調味料（アミノ酸等）、酸味料、増粘多糖類（原材料の一部に小麦・大豆を含む）	大豆、小麦
3	醤油漬イクラ	鮭卵、醤油、食塩、米発酵調味料、魚介エキス（さば）、糖類、魚醤（鮭）	大豆、小麦、さば、鮭
4	笹つくね	鶏肉、砂糖、玉ねぎ、醤油、パン粉、卵、植物油脂、（原材料の一部に小麦、大豆を含む）	鶏、小麦、大豆、卵
5	伊勢えび焼	すりみ、海老、椎茸	大豆
6	鴨肉ハム	あい鴨肉、食塩、砂糖、香辛料、ポリリン酸Na、調味料（アミノ酸等）、酸化防止剤（ビタミンC）、発色剤（亜硝酸Na）	無し
7	スモーク牛タン	牛舌、食塩、糖類（砂糖、乳糖）、酵母エキス、デキストリン、調味料（アミノ酸等）、リン酸塩（Na,K）、カゼインNa（乳由来）、酸化防止剤（ビタミンE）、発色剤（亜硝酸Na）、香辛料抽物	牛肉、乳
8	黄金伊達巻	鶏卵、魚肉、砂糖、醤油、卵白、大豆油、食塩、小麦たん白、トレハロース、加工デンプン、調味料（アミノ酸等）	卵、小麦、大豆

标示出了全部 42 种食材和过敏原，还有添加剂

由于有顾客反映“很可惜不能顺利地解冻”，于是该店制作了说明解冻步骤的手册。并告知顾客，店铺针对含蟹类的商品专门制作了蟹类处理手册，并附在了商品内

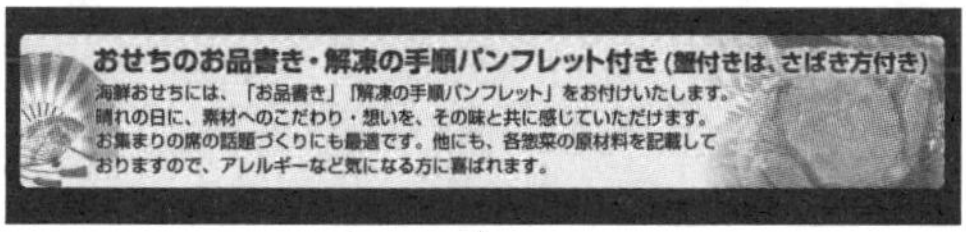

11 每次都要告知顾客是否附有“福筷”的原因

稍花一点儿心思就可以将顾客的“满意”与“不满”分开

◆ 细心周到的服务将成为区别于其他竞争对手的要点

当然，要想让顾客满意，最基本的条件是商品无论从味道，还是新鲜程度，以及看起来是否漂亮，价钱是否合理等方面都为顾客所接受。所以，要想不输给竞争对手，就必须加倍努力。

要想在激烈的竞争中胜出，就必须考虑到更细微的顾客需求。对过年食品来说，“福筷”就是一个小小的细节。顾客在打开被送到的商品时，有时只因为附有“福筷”，就会给出“好贴心呀！”的评价。**仅这一点点细微的差别，就让顾客将该店与其他店铺区分开。**

◆ 必须注意的是，如果未先告知顾客服务的内容，反而会招致顾客的不满

那么，如果认为附带“福筷”就会让顾客非常高兴的话，实际情况却可能适得其反。虽然是为了顾客考虑，但如果不事先告知顾客，可能会招致顾客的不满。

如果不注明附送“福筷”的信息，顾客就不知道是购买商品时赠送的，还是必须自己花钱购买。这样会让顾客感到不知所措。而如果顾客已经买好了“福筷”，却发现商品中附带“福筷”，顾客就有可能觉得亏了！**虽然只是些小小的抱怨和不满，却可能影响到顾客对商品的评价。**

不但要告知顾客“是否附有‘福筷’”，还应该反复告知。如果网页的信息量很多，顾客可能就会看不到通知。在网店里反复通知是不会招人厌烦的。任何一点小插曲都可能让顾客滋生出令店家意想不到的不满情绪，必须完全以顾客的眼光来打造自己的店铺。

不过，即使想得再周到，要想让顾客百分之百满意也不太可能。为了不让顾客小小的抱怨和牢骚演变为对店铺很大的失望、不满，必须设立客服窗口，倾听并解决顾客的问题。

温馨周到的信息带来“安心感”

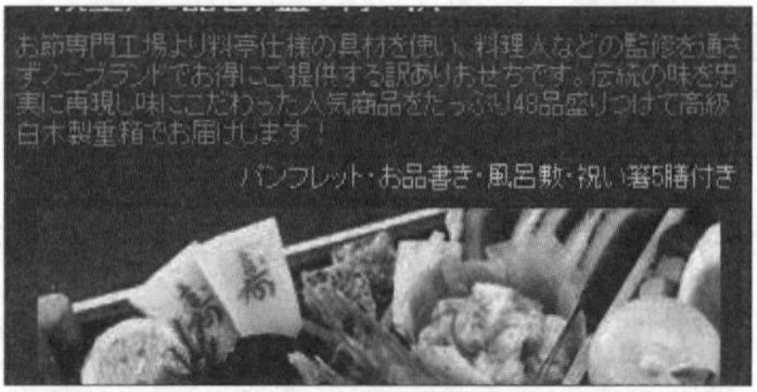

记有包括福筷、包袱布、商品目录等在内的附赠品

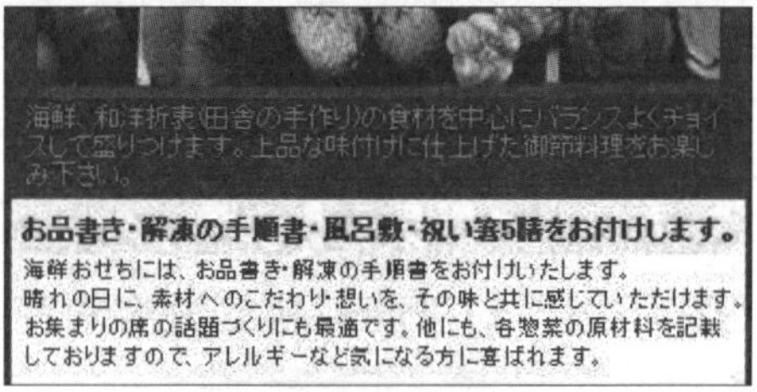

不厌其烦地反复向顾客传递信息

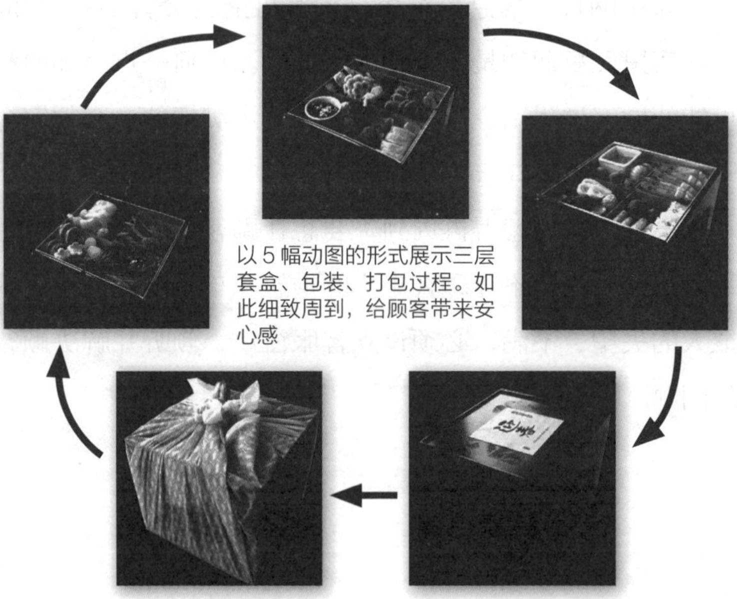

以 5 幅动图的形式展示三层套盒、包装、打包过程。如此细致周到，给顾客带来安心感

12 仅因为食盒的尺寸这一点，就可能让店家失去顾客

设想一下顾客的生活模式，选择适合的器皿

◆“盒子太大，冰箱里塞不进去”的苦恼

多层格方木盒的尺寸就是很难引起销售方注意的典型的信息之一。一般认为尺寸大小是商品的基本信息，当然会在产品包装上加以注明。可对于家庭主妇来说，该信息是切实有用的重要信息。

装得再漂亮的食盒，因为塞不进冰箱，无法按照购买时的原样端到餐桌上，这样的食盒也失去了它本身的意义。可以想象得到特意从盒子中将食材一样样取出来，再一个个分装到小盒子里装入冰箱的人的心情吧？**盒子装得越漂亮，招致顾客不满的可能性会越大。**

有过一次不满经验的顾客就会事先确认食盒的尺寸。并且，即使是极棒的过年食品，只因为顾客不清楚盒子的尺寸而放弃的情况也不少见。

◆ 想象一下顾客是如何处理器皿以及处理器皿时的心情

同样，对于主妇来说，食盒是由什么材质制作的也是非常重要的信息。如果是纸质的材质，可以折叠起来作为可燃垃圾处理，如果是树脂或金属材质，就必须按照材料的不同分类处理。即使可作为一般的垃圾进行分类，很多人还是不愿意将大的树脂盒子直接扔到外面的。

因此，对希望盒子是纸质材质的顾客应预先告知。这里可能存在销售方想象不到的一点，就是**盒子的材质可能会成为顾客最后是否购买的决定性因素。**

并且，在盒子的材质是纸质时，要记得添加该盒子强度没有问题的文字声明。不必用数值显示出盒子的强度，像记述“去年一次都没有出现过盒子破损的情况”这类的实际情况，对顾客就很有说服力。

一个套盒也有很多需要讲述的信息

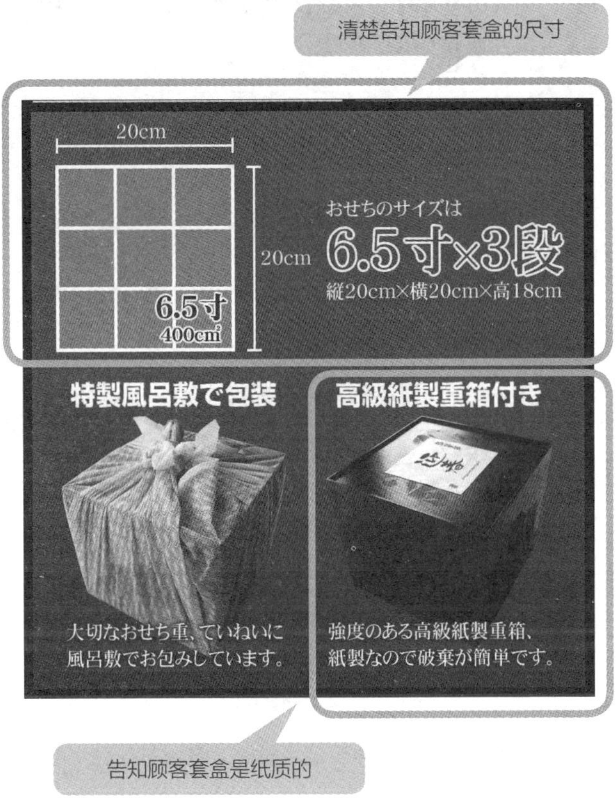

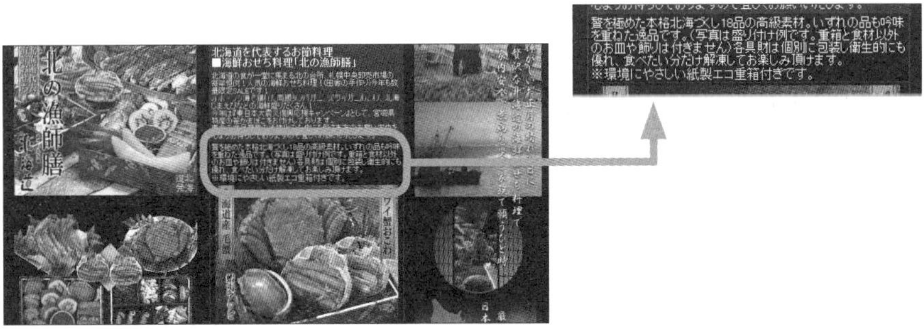

在同一页的别处也反复告知：套盒是纸质的

13 如何表达高额商品“便宜的秘密”

“毫无缘由的便宜”会让顾客感到不安

◆ 顾客对“太便宜的过年食品”有疑问以致犹豫不决

花费数万日元购买的过年食品肯定和在日本的百元店购买日用杂货的理由不同。如果过年食品的价格比其他店铺便宜时，顾客反而可能会怀疑“会不会是假冒伪劣品”。

因此，**在向顾客宣传低价格时，必须对该商品因何便宜做出细致的说明**。例如，“与生产者签订合同，委托生产者生产原料，因此进货很便宜”“未经过中间商，对顾客直销产品，因此不产生中间差价”等都是可以打消顾客疑虑的正当理由。如果顾客接受了“便宜的秘密”，就可以引导顾客购买该商品。

◆ 考虑符合目标对象心理的降价方法

除了直销外，还有许多其他方法也可以降低商品的价格。

例如，如果不设立审核菜谱等工作的监督人员，仅监督费一项就可以达到降价的目的。很多过年食品店都聘用了监督人员，所以在商品的价格上也有所体现。

大批量购入原材料或者强化制造生产线批量生产会产生价格优势，同时也是宣传降价的好方法。或者从海外购入便宜的原材料，以及使用发泡材料作为食盒的原材料等方法，都可以作为向顾客解释商品低价的缘由。

要注意的是，很多顾客只认可日本本土产的原材料，或者只中意白木或纸质的食盒，如果向这样的顾客宣传商品低价是因为国外产的原材料或者使用了泡沫食盒，会适得其反。

必须清楚**目标对象定位在哪个消费层，制订战略性的降价方法。**

简要地说明低价的理由

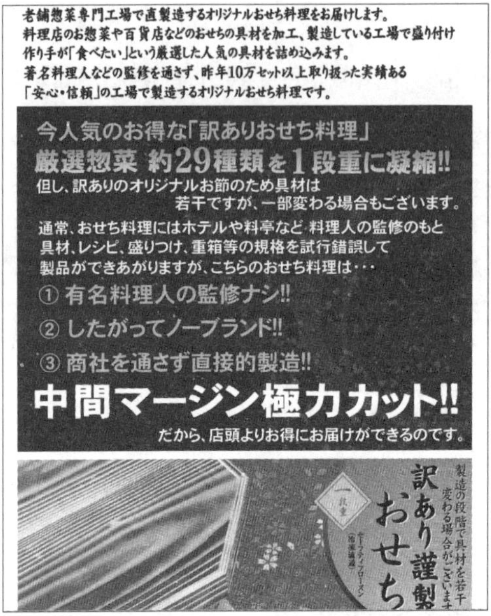

宣传低价销售的理由：没有名厨监修，没有中间差价

这个例子中，通过使用简易食盒来代替套盒，根据情况更换食材以削减成本

14 “总评分 4.8 分，销售排名第一位”的说服力

用客观数字说话

◆ 积极利用可提升品牌价值的评价系统

在“乐天”“Yahoo！购物”等购物平台中，发布了销售实际业绩的排名。排在前面的店家说明受到了很多顾客的支持，一定要利用这个优势好好做宣传。**第三方的评价信息对顾客会有很大的说服力和影响力**，如果不充分利用就太可惜了。

在网购平台中，还有顾客对已购商品进行评价打分的最高 5 分的评分栏，获得的分值越高，说明顾客对商品的满意度越高。

在评分栏中，消费者还可以将自己对商品的感想以及意见写出来，而大多顾客会在看了评论内容后再决定是否购买，所以，可以说第三者的评论具有非常大的影响力。同样，顾客的评论对店家也是极其珍贵的信息，应该有效地加以利用（参照 109 页）。

◆ 利用消费者的满意度和回头率吸引顾客

利用问卷调查等方式，掌握顾客的期望以及动向，并对信息进行管理，可获得顾客满意度以及回头客购买率等相关数据。这些数据对店家而言都是非常有效的信息。

虽然获取的顾客满意度以及回头率等数值都不是第三方的评论，而是店家自行公布的数据，但**数字所持有的客观性，仍然对顾客有很大的说服力和影响力。**

尽管对顾客的数据进行管理会花费一定的时间与精力，可对运营网店而言，要想取得成绩这些都是必不可少的步骤，必须坚持下去。

最大限度地灵活运用数字所具备的说服力

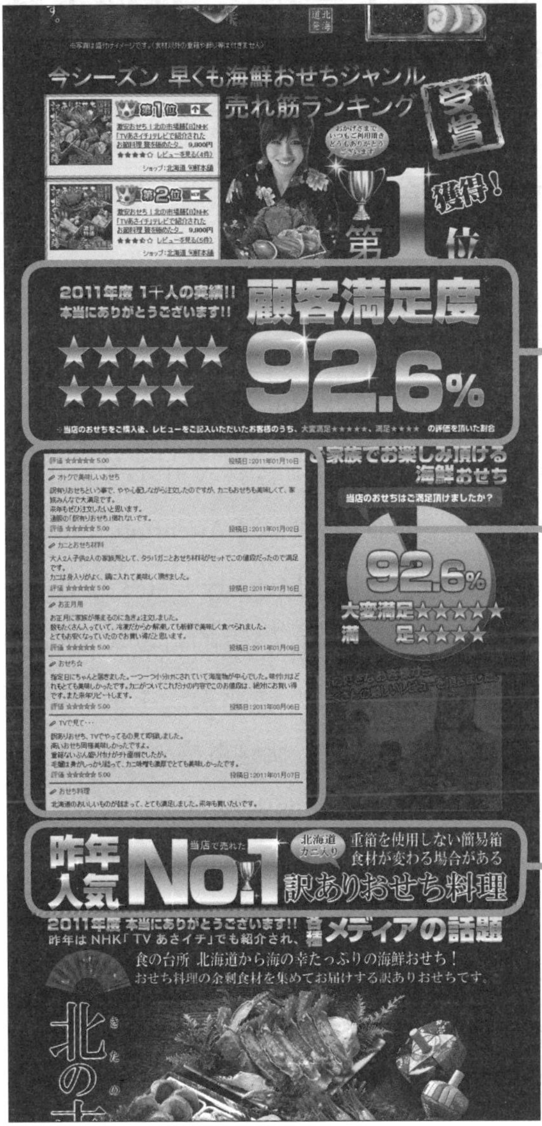

大力宣传高达 92.6% 的顾客满意度

也有很多顾客是通过看点评来决定是否购买的

即便只是店内销售的 No.1，也具有很好的宣传效果

15 “最后推上一把”，促使迟疑的顾客早下决断的技巧

促使顾客“下决心”方法

◆ 在“犹豫不决”的顾客背后推上一把

因为冲动而购买过年食品的顾客其实并不多，很多人直到最后仍在犹豫。即使在注意（Attention）、关心（Interest）、欲求（Desire）、记忆（Memory）几个过程中，都牢牢抓住了顾客的心，如果顾客最后的行动（Action）结果是仍没有购买，前面的步骤也就都失去了最终的意义。正因为如此，“最后推上一把”就显得格外重要。

其实顾客并不是因为信息不够而迟疑不决，仅是处于“虽然很满意，可下不了决心”的状态。要想突破这种困境，就不能靠有说服力的信息了，**需要店家在背后“轻轻地推上一把”**。

一个办法就是实时公布商品的剩余数量，即卖出一个商品，计数器就“咔！”地减去一个的瞬间可促使顾客早下决心；还可以用标出截止期限的方法，这些都是很有效

果的。如果顾客每次在访问网店时发现距离截止期限的天数越来越少时，就会刺激其购买心理。计数器精确到秒，能起到刺激顾客“急着”购买的效果。这些都并不需要多难的技术，将指定的代码贴上即可。

◆ 准备好“定点信息”

虽然促使顾客最后购买的手段很简单，但在促销活动期间，可以采用一些方法，对购物的顾客提供一些特殊的优惠待遇，例如，活动期间购物就有机会抽到现金等奖励对顾客会产生很大的吸引力。

当然上述活动对仅来店逛逛并收集一些商品信息的顾客也许不具备什么吸引力，但至少会**对一直犹豫不决的顾客起到助力的作用。**

网店运营时，有必要根据顾客的具体实情向其提供各种丰富的信息。

唤起急躁感的“倒计时效果”

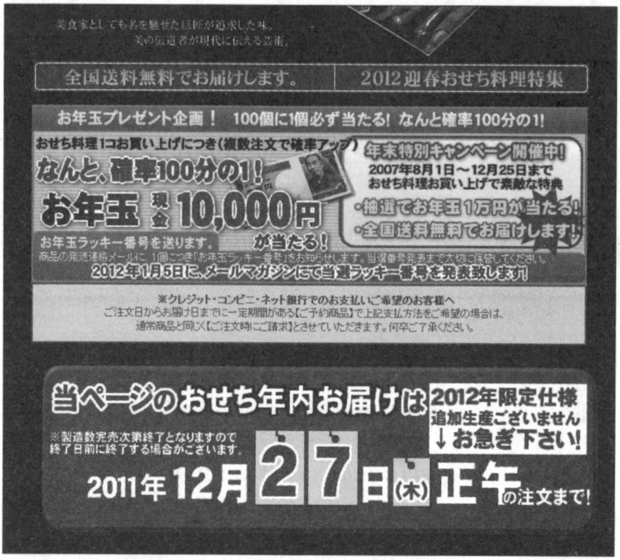

以倒计时的形式标示订购的截止日期。这是勾起顾客购买欲的手法之一

该策划方案中，顾客订购以后可以参与每月两次的抽奖活动，越早参与抽奖活动，中奖概率就越高

使点击率增加“五倍”的超市广告图片　之二

极强的对比度

在大型网络销售平台乐天的网站上，有 500 多个店铺销售过年食品，该商品属于广告数量庞大、竞争激烈的商品类型。而要想让自家商品格外突出，方法就是利用强调色彩反差的极端对比度吸引顾客的眼球。

煮后的螃蟹与其说是红色，不如说是带着橙色。必须将图片处理成近似于原色的红色，尽管这种红色不是实际的颜色，可这种程度的处理在幅面很小的广告图片中是必需的。这种情况仅适用于网络销售平台图片，此时让商品更加醒目甚至比实际看起来更美味很重要。

同样要让食盒呈现出漆黑的颜色。实际上，食盒被照到的部分会呈现出灰白的颜色，但在该图片中，必须将食盒的颜色处理成漆黑的效果，即使丧失了实物本身的立体感也无妨。还要将螃蟹与食盒的背景处理成纯白的颜色，中间不再夹杂任何物体。

用红、黑、白三种强烈的对比色，将自家的商品图片处理成即使在为数众多的广告图片中也格外醒目的图片。

第3章

网评作为销售额增长决定性手段的作用不容小觑

销售甜点的要点12

Case Study ②

01 用特写强调商品的质感、色泽以及美感

学会如何给商品拍出最适合的照片

◆ 如何传递出甜点特有的质感信息呢?

在食品店铺中，照片格外重要的商品就是甜点。制作精美的甜点宣扬出一种艺术上的美。

美味的传递方法也因为照片而大不相同。首先需要在商品页上刊载出大幅面的甜品照片以抓住顾客的心。而要利用照片向顾客传递出“美味”的信息，与过年食品一样，如何真实地表现出质感就成为决定性手段。**要想强调出巧克力光泽、原材料的色调等细微之处，原则上是利用特写镜头进行拍摄。**

特写镜头还能表现出商品的立体感，柔和地表现出用叉子轻按松糕的场面。

因为很多甜点使用了泡打粉，可利用特写镜头，有效地强调出松软柔滑的效果。当拍照无法达到满意的效果时，可以利用图像处理方式，强调出商品的蓬松感。

◆ 在激战区域，“一品定胜负”是铁的法则

甜点网上销售的特点是初期投资很少。然而网上的甜点店比较泛滥，必须认识到即使加入很简单，要想增加销售额，也困难重重。

很多店铺会像将商品摆在柜台里一样，在商品页中罗列出所有的商品种类。可现实是这些店铺因为没有打出个性化商品，而被淹没在竞争激烈的众多店铺中。

要想从众多的竞争中脱颖而出，建议**在商品页的最顶端推出该店的特色商品**，仅靠这一件商品来决定胜负；还可以用有特点的话题代替商品。反过来说，毫无特色的店铺是无法在网络销售中提高业绩的。

照片能让食材的魅力倍增

用特写拍摄食物的横切面，可以突出食材的色泽和细腻

甜点中泡打粉的质感尤为重要，当拍摄无法达到满意的效果时，可以通过图像处理来突出商品松软的感觉

在商品页面顶端，不要零碎地陈列各种商品，而应该推出店铺的特色商品来一决胜负

02 甜点照片呈现出的一种全新的生活模式

拍出可以衍生出附加价值的照片的方法

◆ 唤起顾客的浮想，“想变成这样”

可以说甜点是面向女性的商品，很多女性会在有意无意中追求甜点中的“小小的奢华”。

从这点来说，在设计制作甜点时充分考虑到女性消费者的感受就成了必不可少的因素，故而使用能让人感受到高品位生活模式场面的照片就成为非常有效的方式。

想象一下这样的画面，木质装潢的露台、桌上的茶杯、甜点，以及甜点旁边随便放置的女性杂志。当然甜点是主角，以木质凉台、盆栽、杂志等为背景装饰。而经过精心布置后的室内同样可以拍出好的照片。

实际上在阳台上喝茶的情况很少见，可重点不在于此，**重要的是给顾客提供一种场面、一种氛围、一种想象的空间**。在网页的顶部登出这种照片，可在追求奢华的女性消费者心中引起小小的骚动。

◆ 话题性衍生出“奢侈”的附加价值

如果让顾客知道“本产品使用了在原产地比利时获奖的最高级别的巧克力”，就会引起顾客想尝一尝的念头吧？这样煽动性的话题给消费者嗜好的甜点带来了大的附加价值。前提当然是商品必须好吃，而**增加的话题会让顾客感受到奢华的氛围**。因此，如此吸引人的话题一定要明显地置于网页的开头。

甜点持有的话题还具有易转载的特点，特别是宣传力很强的女性的朋友圈会发挥出想象不到的威力，店家应有意识地发布些容易被转载的信息（请参照 097 页）。

营造出让顾客产生“想要这样品尝”的欲望的情景

给人以在露台享受下午茶的感觉

配套生日聚会的餐桌用具

不仅配有图片，还提供了富有吸引力的话题，这是提高商品附加值的重要因素

03 利用“法国糕点师”的名人效应策略

熟知“人”的品牌效应

◆ 利用名人效应打造自家的品牌

有人吃过杂志上曾经介绍的“某位名法国厨师制作的玛德琳蛋糕”吧？在推荐该蛋糕时，比起商品名或店名，一般会先以“有名的法国人 ×× 做的……”打开话题吧？

而很多成为回头客的顾客与其说因为喜好某样甜点，不如说是因为成了制作该甜点的甜点师的粉丝。如果**培养出优秀的甜点师，甚至打出自己的品牌，就可以说该店铺是很成功的。**

技术精湛的甜点师精心打造出的甜点，插入这样的小插曲，就会起到提高顾客购买欲的效果，获奖的经历更会加强该效果。

◆ 即使是为做广告宣传选出的店员也可能成为顾客追捧的“名人”

如果有名人因喜好自己店内的商品来店购买的宣传当然会对顾客更具吸引力。

虽然“人物”会成为店铺或商品打造出自己品牌的关键，但也不一定非得是名人或名厨不可。

例如，可以让店长或曾为店里做广告的店员本人到前面来，也可以将身边的事情利用博客或 Twitter，等发送给顾客。如果 ×× 的甜点获得了顾客的高度好评，可以说是打出了品牌。

某人容易成为网上谈论的话题，甚至可以成为扩大销售范围的重要武器。博客或者 Twitter 等社交媒介尽管从信息管理层面应该注意的地方不少，可因为是免费的促销工具，所以一定要加以利用（请参考 097 页）。

要提供容易成为网络“话题”的信息!

网页顶端登有圣诞蛋糕的特写，并配以糕点师的介绍

这是店铺与经纪公司合作，选拔出道前的艺人做店铺代言人的实例，是联合推出甜点与明星的策划方案

推出有名的实体店，来提升网店的品牌形象

04 除介绍商品外，还必须优先显示商品的价格

将优先度高的基本信息集中在一起

◆ 在食品网店里，标出商品价格的铁的法则

可以看到有的店铺优先强调某商品是高档商品，也有的店铺会努力先尽量加深顾客对品牌的印象，而将价格显示得很小。

在这里，我建议仅限于食品的网络销售，将所售任何商品的价格用大的字体显示出来。从“销售”要从顾客角度考虑的观点出发，就会了解顾客对想知道价格的需求多么强烈。

对于顾客来说，价格是优先度非常高的信息。**脱离率上升就可能是因为价格的字太小，顾客没有找到。**

请将价格置于商品照片的附近，并与商品一起配套显示。商品导购杂志中，有时会将商品的价格或尺寸等信息和商品的照片分离开，并于某处集中表示。

商品目录具有将价格和商品同时进行比较的一览性，

而网店的商品照片若与价格分离，顾客就很难一眼看出各商品的价钱，如果遇到不滚屏就显示不出价格的情况，对顾客而言会感到更加不便。因此价格应该和商品的照片配套显示。

◆ 宣传语构成了整个视觉效果的重要因素

和价格一样，商品的宣传语也应该与商品的照片配套显示，还可以叠加在照片上。只要添加在上面即可，否则如果宣传语比商品的照片更加醒目，会带给顾客本末倒置的感觉。

网店可以发送很多信息，其中**宣传语的作用与其说是“商品的说明”，不如说是“加深了商品留给顾客的印象”**。

可以认为和照片的组合搭配是提升视觉效果的重要因素。

可以在商品图片上标出配套的价格和广告语

在商品的图片上醒目地标上价格，以提高价格的吸引力

这是在图片中增添广告语的例子。该店铺比起传递具体的商品信息，更注重配合图片来向顾客宣传商品的“形象”

05 针对喜好甜点的女性顾客所做的设计

让顾客感到很亲切，从而愿意来店购物

◆ 如何表现出年轻女性喜好的“柔和质感”

以女性消费者为主的商品重在如何设计出让女性感到很亲切的“温柔味儿”。

例如，女性喜好的主题色倾向于蜡笔色、自然本色以及流行色等色泽，而不是原色。在电脑搜索引擎中输入“**颜色代码**”，能搜索出一些设计网站，可试着利用这些网站找出适合自家店铺商品的色调。

除了商品的主题色，在修剪图片的边角时，即使仅将直角修剪成圆角，给人留下的印象也会大不相同。多使用渐变色，可让设计显得柔和。善用图像编辑软件的店家，如果将配置的文字设计成曲线，而不是常规的横写和竖写，这样柔和的设计可以让女性顾客感到很中意。

◆ 将广告宣传语设计成疑问形式的效果

不止是网店，Web 上有一个普遍的论调，“浏览者会在访问的三秒钟内决定是否仔细阅读该网页”。当浏览者访问到网店时，可以说为了突破这三秒的限制，就要看“第一视觉”和“复制第一视觉”的效果是否给力了。

要注意，针对女性顾客的宣传语有两个关键点。其中一个是常见的“献给有肌肤烦恼的您”等美容的 CM 惯用手法，也就是让顾客联想到自身，即“和我有关”的当事人的感觉。

另一点就是利用“问句”的形式。如“真吃过这么好吃的 ×× 吗？”当对毫无疑问的事情以疑问的语气出现时，会自然而然地引起顾客的兴趣，并对商品加以关注。

上述两点都**不是店家促使顾客购买，而是利用复制的效果，引导顾客不由自主地联想到自身。**

要以女性顾客为目标严格挑选设计和广告语！

商品和包装的色调搭配，设计得很可爱

呈曲线排列的文字形式让设计变得柔和

“5倍的鲜奶油！”“13cm的满足感”等，使用如此具有冲击力和说服力的数字，效果非常显著

06 明朝字（日语中的一种字体）、黑体字中哪一种更适合甜点？

注意字体的类型、尺寸、文字间的距离以及行间距

◆ 字体能传递给顾客不同的印象

网店设计的工作换言之是“传达商品的优点”的工作。用什么方式将“商品的优点”传达给顾客呢？一般会在文章里以文字的方式对商品的特点加以说明。可如果在文字造型上稍花费一些心思，宣传的效果就可能大不相同。

即使是“甜点”这一个词语，采用明朝字体和采用黑体字的效果就完全不同。其中是存在一定的规则的。

【明朝字】高级、纤细

【黑体字】权威、现代、信赖感

【圆黑体字】大众、柔和

【行书等】日式、传统

上述各字体的基本特点既适用于纸质媒介，也适用于网店。例如，芝士蛋糕的图片文字一般不会采用行书。明朝或圆黑体的文字就和芝士蛋糕的图片很相配。

◆ 会展示出高级的效果吗？会让人感到可信吗？

与字型一样，文字的尺寸、文字间的距离以及行间距也都有一定的规则。

【文字 大 <=> 小】**权威、现代 <=> 高级、纤细**

【文字间的距离、行间距 大 <=> 小】**高级、纤细 <=> 权威、现代**

例如，“高级芝士蛋糕”和“因故低价的芝士蛋糕”字型的使用方法就正好相反。高级芝士蛋糕采用了明朝字，并且字体稍小，文字间距以及行间距稍大。处理的芝士蛋糕则采用了黑体字，文字尺寸稍大，并且文字间以及行间的距离非常紧凑。无论是哪一种，都向顾客传递了符合商品特点的信息。

只是改变字体就给顾客留下了不同的印象

【明朝体】 おロでトロける濃厚チーズケーキ

【黑体】 **おロでトロける濃厚チーズケーキ**

【圆黑体】 おロでトロける濃厚チーズケーキ

【行书体等】 おロでトロける濃厚チーズケーキ

▼明朝体搭配图片给人的印象

【字号大 <=> 小】

（大：权威、现代）
おロでトロける濃厚チーズケーキ

↓

（小：高级、纤细）
おロでトロける濃厚チーズケーキ

【字符间距、行间距大 <=> 小】

（大：高级、纤细）
おロでトロける濃厚チーズケーキ

↓

（小：权威、现代）
おロでトロける濃厚チーズケーキ

组合起来……

↓

（高级、纤细）字号小、字符间距大

おロでトロける濃厚チーズケーキ

（权威、现代）字号大、字符间距小

おロでトロける濃厚チーズケーキ

07 包装信息会左右销售额

包装精美的甜点

◆ 刊登普通装和礼品装商品的照片属于店家的“常识”

甜点开封前的瞬间非常令人期待，甚至可以说，订购后的整个等待过程都很令人期待。因此，甜点的外包装如何，对顾客而言是必不可少的信息，和商品本身的味道、设计同样重要。

很多时候，甜点都是作为馈赠亲朋好友的礼品，顾客会非常在意包装得是否漂亮，以及是否赠送手提袋等细节信息。

最近，越来越多的店铺不仅重视商品本身，连商品包装都被设计得十分精致漂亮。其中，有的店铺**仅因未刊登普通装或礼品装的照片，就对自己产生了不利影响。**

◆ 第一印象会影响到顾客对商品味道的评价

将送到的盒子打开的瞬间，映入眼帘的是漂亮的外包装，仅凭此一点，就会增加收货人的幸福感。可如果礼品盒的边角稍微塌陷或者脏了一点儿，顾客的期待感会瞬间烟消云散，遗憾的是这也是失去一位顾客的瞬间。

网店都会遇到这种问题，商品在送到顾客指定的地点后，顾客**打开外纸壳箱时看向箱子里的瞬间印象甚至会影响到顾客对商品味道的评价。**

虽然外纸壳箱在配送的途中可能出现破损的痕迹，配送单通常也是随意贴上去的，但顾客对这些一般都不会很在意。顾客更重视的是内箱的状态，所以店家一定要注意商品的内包装。需要铭记于心的是“甜点既是一件商品，又是一件开封前就已开始欣赏的高品位艺术品”。

作为一个小亮点，可以在内包装上附上一枚精致的贺卡，当顾客打开外层的纸壳箱时，给顾客留下商品非常高档且有品位的印象。

包装也是商品的一部分

将商品连同包装一起展示的话，可以让顾客清楚地了解商品的全貌

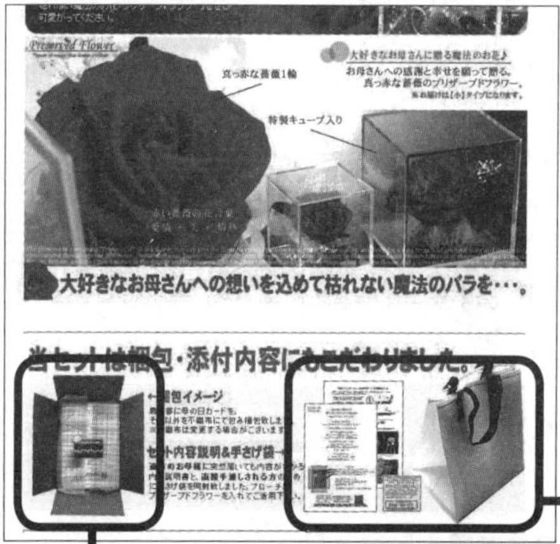

附上了说明内容，方便突然收到礼物的远方的顾客了解商品的信息。还附上了手提袋的照片

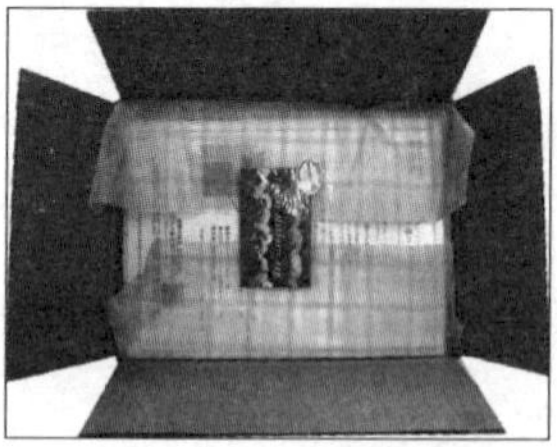

演绎出打开纸箱瞬间的情景，抓住了顾客的心

08 便于 Twitter 和 Facebook 发送的信息的重要因素

不受限制的社交媒介的扩散效果

◆“容易成为话题”“好记”“便于搜索”的信息

正如本章第二节和第三节讲述的一样，在甜点的扩大销售中，女性的口碑功不可没。

试想一下，如果您是一位女性，当朋友发来一条这样的推荐华夫饼信息，“作家 ×× 推荐的华夫饼真的是太好吃啦！超赞！！！”可能您也会到网上搜索一下。

假如您没太记住店铺的名称或者商品名，虽然别人已经告诉您了……这种情况应该很多吧？恐怕有很多人会搜索“×× 华夫饼干”等关键词。也就是说，**提供女性们在话题中容易提到并且好记、又易于搜索的信息十分重要。**

◆ 充分挖掘社交媒介的无限潜能

自从 2010 年以后，利用 Twitter 或 Facebook 等社交媒介积极发送网评信息的店铺急剧增加，不再依赖于顾客的传播。

还出现了动员“**顾客参加型**”的店铺，而不再是单纯的发送信息。例如，请一百名免费试吃的顾客将视频利用 Twitter 推送出去，消息一下子就会被扩散开来。

其他像店长宣布的“明天 12 点开始销售”的消息如果被顾客转发，可为转发该消息的顾客，举办抽奖等活动。还有的店铺策划过顾客只要点击 Facebook 的“超赞！”按钮就可以享受打折的活动，点击 500 下“超赞！”按钮，就可以享受减免 500 日元的折扣。

这样就充分发挥了社交媒介积极的集客效果，以及发掘可提供网评信息的社交媒介的无限潜能。利用独具特色的“顾客参加型”创意来刺激销售。

今后的销售离不开社交媒体!

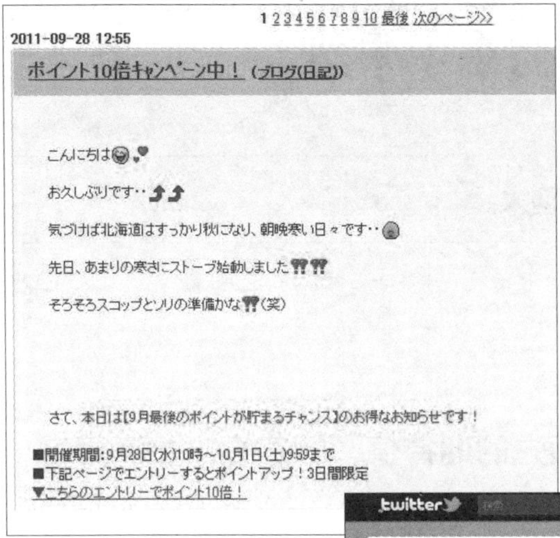

此例中，通过店长的博客和 Twitter，告知顾客 10 倍积分活动的开始。并且以活动限期 3 天来吸引顾客登录

09 “控制期待值”，对顾客的投诉防患于未然

期望越大，失望越大

◆ 如果超出了预先的期待值，顾客会产生满足感

原本没指望有多好吃的拉面，一吃起来竟格外好吃，会让顾客感到大大的惊喜进而产生满足感。相反，排了几个小时的队才吃到的拉面，却根本没有想象的好吃，顾客的失望度可想而知。

正如前面几次讲过的一样，甜点的照片是否漂亮甚至可以左右该甜点的销量。虽然要把照片拍得漂亮十分重要，但如果与现实的差距太大，反而会引起顾客的失望感。

例如，给甜点拍特写时，虽然可呈现出商品的立体感，可当顾客收到该商品，觉得实物没有照片中看起来大时，就可能引发顾客的不满。

要想让顾客满意，大前提固然是商品要具备能够让顾客满意的商品价值；但不能仅此而已，**必须让顾客在实际**

消费后的评价值超出之前对该商品的期待值。

正因为这个原因，拍摄照片时，不能让商品看起来过大。这个平衡虽然不好掌握，像同时刊登上标示参照物尺寸的商品照片，都不失为回避该风险的有效方法。

◆ 打好“预防针”，控制住顾客的期待值

在商品配送过程中，因为震动出现了损伤商品的情况同样会有损于顾客的期待值。而由于甜点本身就是配送过程中容易损伤的商品，所以店家不仅要在商品的外包装上多花些心思，还应该事先做些配送的测试，尽可能多想些办法以确保商品完好无损。

即使这样，还应该在网站上预先对顾客打好“预防针”，标注出“店家会尽量确保商品完好无损，可万一出现商品破损的情况，请及时与店家联系”的信息，**控制顾客的期待值**。这样一旦发生不太严重的破损情况，顾客一般不会投诉。

提高顾客期待值的同时，也要设好防线

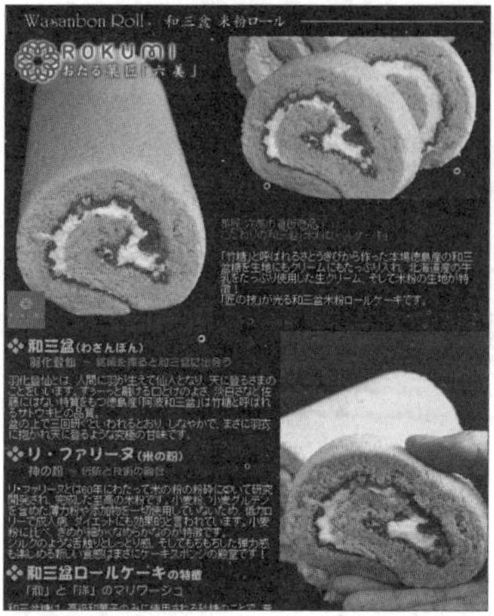

在分量感十足的照片边上，同时附上了抓在手中的商品的照片，让消费者能够清楚地了解商品的大小

在拍摄生产过程的时候，可以不经意地放上能够对比出商品与师傅手的大小的照片，这也是行之有效的方法

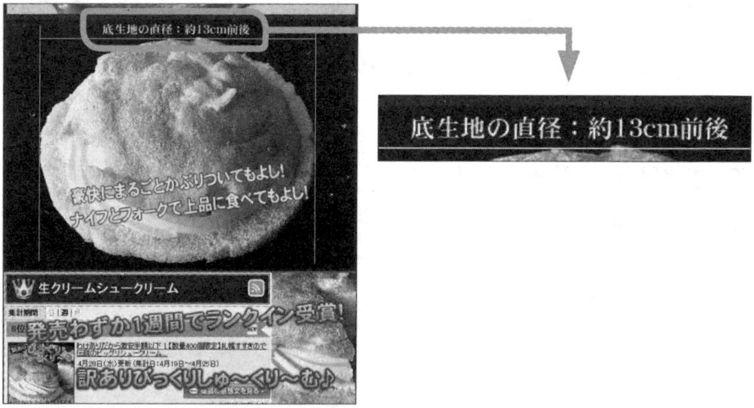

在广告语中突出了商品的尺寸之大，同时标明了具体的尺寸，控制住了顾客的期待值

10 开设咨询窗口，帮助顾客解决有关礼品选择的烦恼问题

细致周到的答复可让顾客乐意再次来店购物

◆ 合理耐心的建议可提高顾客成为回头客的概率

选择礼品馈赠亲朋好友其实是件很麻烦的事情，不少顾客对购买何种商品犹豫不决。

甜点经常会被作为礼物送给亲朋好友，所以如果店家设立窗口为顾客提供咨询服务，会大大提高顾客对该店的支持率。

基于这点考虑，实体店因为直接和顾客打交道，其优势就在于顾客可以直接向店员咨询并进行购买。而网店同样可以利用电话或邮件回复顾客的咨询，甚至很多顾客认为用邮件比直接和店员面对面咨询更加方便。

通过**了解顾客因何事给谁送礼、预算又是多少等情况，向顾客提出商品选择的建议**，可着实提高顾客成为回头客的概率。

◆ Q&A 解决问题的方式

如果没有足够的人手进行电话或邮件的咨询服务，可以采用 Q&A 的问答形式。**事先设想好顾客咨询概率较大的问题，以自问自答的 Q&A 形式刊载在网页中。**

例如，对符合馈赠方的各年龄层以及家庭结构的商品进行介绍，根据预算列出商品的目录，按照“庆祝”“探望”等不同场合对商品进行分类都是非常有效的办法。当然绝对不能忘记记载配送方法以及商品的保质期等基础内容。

店家通过充实 Q&A 的内容，提高顾客对店家的访问率。

即使设置了电话及邮件的咨询窗口，如果将顾客容易问到的概率大的问题以 Q&A 的形式刊登出来，同样可节省店家一一进行回复的时间与精力，不仅为顾客，也为店家提供了便利。

备好热情且高效的“烦恼咨询窗口”！

此例中，在咨询电话号码的边上，附上了颇具前台风貌的照片，以方便顾客进行咨询

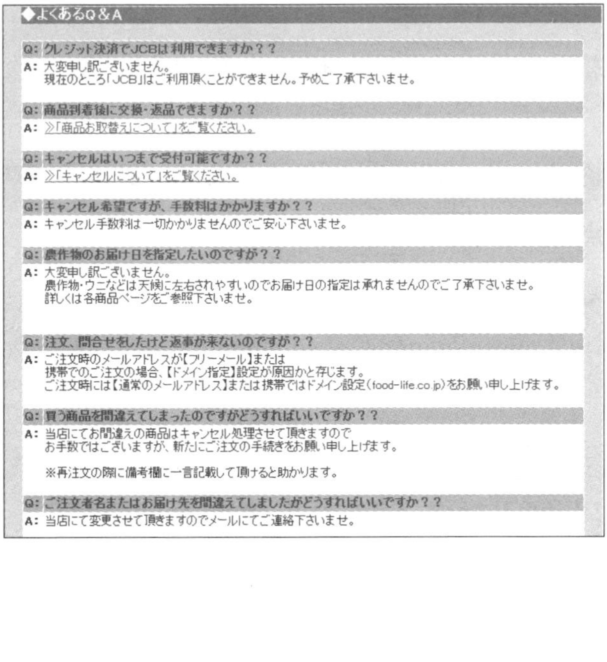

◆よくあるQ&A

Q：クレジット決済でJCBは利用できますか？？
A：大変申し訳ございません。
現在のところ「JCB」はご利用頂くことができません。予めご了承下さいませ。

Q：商品到着後に交換・返品できますか？？
A：≫「商品お取替えについて」をご覧ください。

Q：キャンセルはいつまで受付可能ですか？？
A：≫「キャンセルについて」をご覧ください。

Q：キャンセル希望ですが、手数料はかかりますか？？
A：キャンセル手数料は一切かかりませんのでご安心下さいませ。

Q：農作物のお届け日を指定したいのですが？？
A：大変申し訳ございません。
農作物・ウニなどは天候に左右されやすいのでお届け日の指定は承れませんのでご了承下さいませ。
詳しくは各商品ページをご参照下さいませ。

Q：注文、問合せをしたけど返事が来ないのですが？？
A：ご注文時のメールアドレスが【フリーメール】または
携帯でのご注文の場合、【ドメイン指定】設定が原因かと存じます。
ご注文時には【通常のメールアドレス】または携帯ではドメイン設定（food-life.co.jp）をお願い申し上げます。

Q：買う商品を間違えてしまったのですがどうすればいいですか？？
A：当店にてお間違えの商品はキャンセル処理させて頂きますので
お手数ではございますが、新たにご注文の手続きをお願い申し上げます。
※再注文の際に備考欄に一言記載して頂けると助かります。

Q：ご注文者名またはお届け先を間違えてしまいましたがどうすればいいですか？？
A：当店にて変更させて頂きますのでメールにてご連絡下さいませ。

这是以常见问题 Q&A 的形式为顾客解惑的例子。这家网店 Q&A 的内容充实，口碑也非常好

11 不同于他店的“有个性、潮感觉”

甜点的另一个特点就是展现个性

◆ 不协调的另类秀引发交谈的热点

日本山形县“老奶奶的手工作坊”店的芝士蛋糕非常有名。店家向顾客介绍该款芝士蛋糕时，不仅在旁边备了日式茶，还建议顾客品尝该商品时使用筷子。这种异于寻常的另类风格，带给观众很强的视觉冲击，成为大家交谈的热点。

与过年食品以及农产品不同，**设置各种“玩味十足”的场景是甜点的另一特点。**

尽管甜点的主要目标对象是年轻的女性，而不同的商品种类同样也面向家族、孩子，以及上年纪的女性消费群体。

◆“试着买”的人越多，“玩儿”就变得越重要

超出常规的表现，当然会很引人注目，进而吸引来新

的顾客。这一点是甜点店极大的优势，因为即使在食品网络销售市场中，甜点也是新顾客购入比率很高的商品。

曾经在网店买过过年食品的顾客，只要对商品没有什么不满意，成为回头客的概率就会变高。因为大家都愿意买没出过什么差错，能让人放心的产品。

和过年食品相对的是，**很多顾客购买甜点是抱着“买一次尝尝”的态度，进而新顾客的购买比例变高。**综合食品商店，有时就是利用甜点来吸引新的顾客的。

为什么说是“玩儿”呢？这里指用“玩儿”勾起顾客的兴趣，是营销策略的重要组成部分。

甜点的话，可以通过“玩乐”的形式来吸引顾客！

用筷子来食用芝士蛋糕的场景引起了热议。这一创意源自“山形县的老奶奶纯手工制作”的特性

照片中新鲜的糖水流淌下来的样子，展现出奶糖在口中融化的感觉。不同的商品有不同的展现技巧

12 在各节假日的常规促销活动中，充分发挥倒计时的效果

甜点属于易受“截止期限”限制的商品

◆ 通过设定“截止期限”，促使顾客尽快购买

情人节、端午节、彼岸节（日本节日，类似中国的清明节）、中秋节、圣诞节……日本人在许多节日时都会购买甜点，因此每年这些例行节日都会举办各种甜点的促销活动。

活动中，可**限制购买或预定甜点的期间，对剩余天数倒计时，达到促使顾客尽快购买的目的。**

情人节巧克力、圣诞节蛋糕同过年食品一样，一旦错过了时机就失去了象征性意义，无论顾客多么迷茫，都要在这个时期做出决断。而店家想要抓住这个机会，就可利用倒计时的方式，通过公布到截止日期为止的剩余天数，促使顾客尽快购入。

即使在非节假日期间，店家也可以自行举办活动，利用该方法设定活动期间进行销售。

◆ 绝对不要小看评论栏的影响力

写入“顾客评价”一栏的意见和感想有一种评论效果，很多顾客在决定的最后阶段会将该评论作为是否购买的参考意见。**“群众的心声”的影响力是不可估量的。**

可以这么说，评价的内容只能交给顾客。店家在实施前面讲过的各种方法后，只能坐等顾客发表好的意见及感想。从中挑出能让人印象深刻的感言，作为顾客的购物心得刊登出来都是卓有成效的方法。

顾客表达出的抱怨和不满，其中肯定不乏言辞激烈的内容。对此店家要真诚地做出回应，以回复的形式明确表示今后将如何改善，其实这也是个向其他顾客展示店家姿态的机会。

在请顾客填写调查问卷时，附上空白明信片，将顾客手写的感想一起刊登出来，可让顾客有身临现场的感觉。

全方位展示信息，给顾客“最后一推”

标明“接受订单时间”和“预计送货时间”

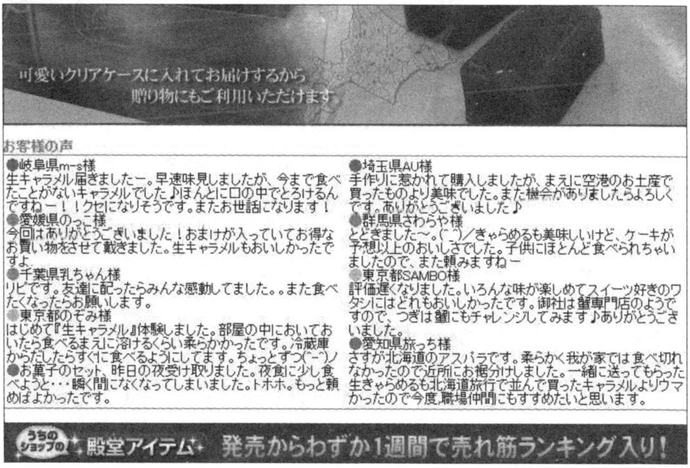

顾客的真实评论对店铺来说是宝贵的意见，同时也促使还在犹豫的其他顾客下决心购买

使点击率增加“五倍”的超市广告图片 之三

利用“锐度功能”大胆地对照片做出处理

我们曾经说过，能强调出蓬松感的甜点照片的效果会非常好，其实广告图片也一样，特别是利用图像处理软件的“调整锐度”功能可强调出广告图片的细腻感。

增强锐度会让图片丧失柔和感，增加锐利感，成功表现出粉状或粒状的感觉。将锐度加大到平常的1.5倍左右虽然会显得粗糙一些，却拉近了与顾客的距离，满足了对广告图片的极端要求。

专业设计师挑选照片时可能会认为过强的锐度因让照片显得粗糙而脱离了常规。然而这样一来，却出现过原本未满 1% 的点击率飙升到 5% 的案例。

广告图片的“战场”仅是 200×200 像素的小世界。要想醒目、获得更高的点击率，不抛弃常规、不做大胆的图像处理是难以实现的。

第4章

利用生产者实录或转播栽培实况区别于超市

农畜产物销售的要点 10

Case Study ③

01 “能看见是由什么人培育的农畜产物”可让顾客对商品感到放心

让顾客看到“正从事生产的生产者”会产生何种效果？

◆ 向顾客介绍生产者是“基本中的基本”

经营农产品的网店中，在商品的网页中介绍生产者是基本中的基本。

以前就在导购杂志中介绍过蔬菜、水果、农产品的生产者的姓名并附上生产者的照片，现在在网店中，也成了常规。可仅此不足以证明为什么跟踪查询农产品的来源越来越受到重视，也不能说从顾客的角度来讲，从知道长什么样的人那里购买的东西就一定放心。

可以详细介绍生产者的情况是网店的优势之一。告知顾客**商品是在何种环境下，采用了何种栽培方法生产出来的，生产者日常为人以及工作状态如何，生产者又是怀着怎样的感情培育出农产品的。**

如果生产者和消费者超越了买卖的关系，感觉就像从附近熟识的农家购买蔬菜或水果一样，可以想象得到顾客的饮食生活会变得更加丰富，互相增强亲近感并产生信赖感。

◆ 发送产地信息的方式同样奏效

顾客不去附近的超市购物，而是特地从网店购买蔬菜和水果自有他的道理。其一就是安心和安全。再者就是顾客怀着“想尝尝有名的产地特有的蔬菜或水果”的动机。

向顾客介绍产地或日本农业协同组合（简称农协，是在亚洲办得最成功的农业合作社之一）是捕捉该需求的有效方法。因适宜的气候采摘到的优质农产物以及该产地的栽培历史等**背景都对其出产的农产品赋予了无形的附加价值**。

如果让顾客看到日本农协的选材场地以及出货时的情景，和正在那里工作的工作人员的样子的照片或视频，应该能让顾客感到安心吧！

很多时候是无法为某个人特定生产的，可以通过发送产地信息，介绍产地的农业协同组合等方式，向顾客提供令人安心、安全的方法，这是非常有效的。

展示“生产者”信息能让商品更富魅力

在商品的照片旁，配上生产者脸部的特写照片，给顾客带来安心感和安全感

宣传火腿、香肠等畜产品的时候，介绍一下匠人的技术也能收到很好的效果

02 网店可提供特有的、细致信息的优势是实体店所不及的

让网店也可以具备“面对面销售”的特点

◆ 网店成了农畜产品销售的主角?

与前面几次讲过的一样，网店很大的优势就是可以介绍生产者信息，并能提供和商品有关的很多信息。

与工业产品不同，农畜产品并非均一商品。品种和地域的不同，使得商品有各种各样的特征，根据当年的气候，商品的品质和尺寸也都不同。这使得农畜产品可以向顾客传递的信息比工业产品的内容详细得多。

可现在，连实体店所售的农畜产品都几乎没有机会和顾客进行面对面销售。即便是商品导购杂志的信息量也是受限的。尽管需要详细的信息，可现在的实情是消费者在购买前很少有机会考虑价格以外的信息。

另一方面，消费者对农畜产品的关心变得越来越高。网店因为具备了可以提供压倒性信息量的优势，随着时间的推移，可能会成为农畜产品销售的主角。店家在经营网

店时，倾力**打造生产者与消费者近距离接触的氛围。**

◆ 捕捉到顾客需求的正确信息，以达到顾客对价格定位满意的目的

因品种的不同导致甜度的不同以及最佳收获期、制作烹饪的方法、成分等特点，甚至对美容和健康的效果，都应该是制作商品的生产者最为熟知的内容。

将顾客所购商品的必要信息告知顾客，既是店家站在顾客的立场上考虑，也是网店运营者应尽的义务，这样大量的信息传递是实体店铺很难做到的。

顾客会对各种各样的信息进行综合判断以确定价格是否能够接受。因此对于店家而言，重要的是如何**推送大量顾客易读且对所定商品价格容易接受的信息**，而不是简单地以廉价来吸引顾客。

经营农畜产品的网店要把销售当作“面对面的贩卖”

详细介绍了北海道栽培的蓝莓。对商品在市场上还不怎么普及的情况，以及适合栽培蓝莓的气候、地形条件等都做了细致的解释。同时还展示了栽培、收获的过程

在这一实例中，详细介绍了山葡萄汁及其原材料。解释了从用于红酒的葡萄转变为山葡萄的原委。还介绍了商品的成分、功效

03 "实时"通信，牢牢抓住顾客的心

让顾客体会到生产者的苦心

◆ 从顾客处收集对栽培的要求和感想

为了让梨长得更大，而且不费工夫，果农一般会使用被称作赤霉素的生长激素，但味道吃起来会比自然培育出的梨差很多。反过来看，不使用激素的农作物就成了大的"卖点"，"精心培育出的有机梨，味道棒极了！"

顾客对农畜产品的关心度越来越高，像果蔬的栽培方法、家畜的饲养方法，以及后期的加工方法、商品是怎样做出来的……都是顾客希望了解的内容。然而顾客不是农业专家，如果讲一大堆顾客看不懂的专业术语，只怕收不到好的效果。顾客通常会一家一家网店比对，如果能够对生产者加以介绍，并将栽培方法透明化，是可以受到消费者的好评的，**热心的顾客还会将信息转发到朋友圈。**

顾客最为关心的就是使用了何种肥料、除草剂的使用最多限制到几次、用什么饲料饲养家畜等热点问题。

◆ 将等待的时间变成“乐趣”

“今天开始植苗”“果实越发鲜艳了”……将栽培过程实时发送到博客，是唤起顾客兴趣的有效方法。

因为农产品收获后可即刻发货，所以是事先可以预订的商品。有时栽培种植方案也是根据早期的预约量来拟定的。相反，从订货到收到商品的这段时间就成了顾客等待的时间。

利用这段时间，用邮件向顾客汇报栽培状况、在网页上传通告，将顾客等待的时间变成充满乐趣的期待时间。

公开详细的信息以获取顾客的信任！

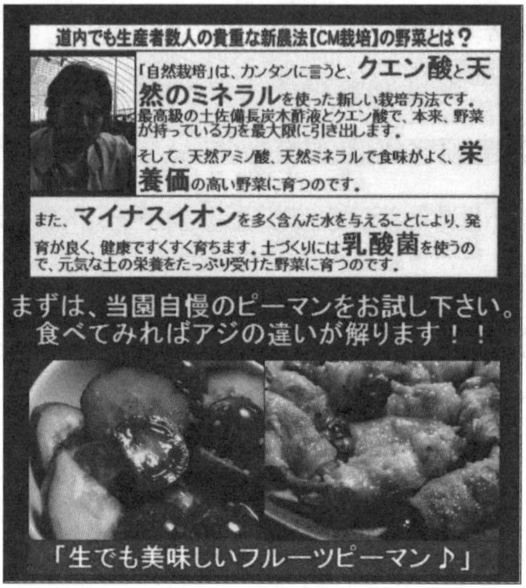

使用顶级的土佐备长炭木醋液和柠檬酸、天然氨基酸、天然矿物质等的自然栽培技术……极力宣传所培育出来的蔬菜口感之好、营养价值之高

为了防止雨水、鸟类带来的灾害，在这规模宏大的果园中付出了令人为之感动的努力。使用了完美的“防雨设施”，实施最好的品质管理

宣传有机肥料土培技术的效果，为防止雨水、鸟类灾害而采用的防雨设施，以及贯彻到底的品质管理

04 刺激顾客的购买欲望，并发送“实时信息”，甚至可以左右水果的销量

实时拍摄生产现场实况

◆ 刺激观众的味蕾！

如果要拍摄葡萄粒，将手边三四颗葡萄剥皮，露出果肉，看起来会格外美味。勺子盛起甜瓜果肉的瞬间，苹果、梨切口处淌出的果汁……

这些充满**“诱惑力”**的照片直接向观众传递出鲜果的魅力。用商品页上的大画面刺激顾客的食欲，勾起顾客的购买欲望。

在给水果拍摄照片时，还可以喷些水雾，挂着水滴的鲜果会显得格外水灵，这些都是拍照的基本技术。

◆ 就地取材，收集能够带给人视觉冲击效果的信息！

强烈推荐给农产品拍摄时“就地取材”。阳光下颗粒饱满的玉米、刚扒出来还带着很多土的红薯、果农手捧丰

收的大桃子时的满面笑容……这些超市的店面里见不到的情景，可以带给顾客很大的视觉冲击，让人感到仿佛亲临现场一样。

像记者一样拿着相机到生产者的地头拍些有趣的照片，还可以获知许多和农作物有关的耕作、特点以及创新等信息。现场拍摄的照片应该更会让顾客感到放心。

而且对于店家来说，就地取材不仅可以**加深对商品的理解，拓展知识，还更能切身感受到身为销售者的职责。**

在从地方生产者取材、了解情况的同时，还可以现场录制音频。制作商品网页时，将生产者对产品满怀感情的“方言”跃然于字里行间，应该可以更让顾客切身感受到现场真实的氛围以及亲切感。

最大限度地突出水果质感的照片

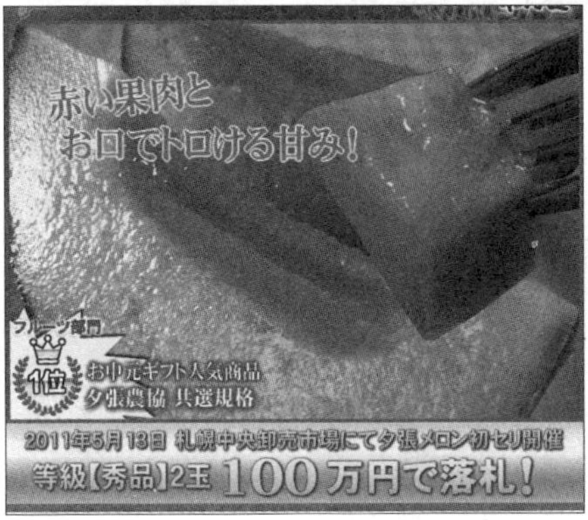

照片中蜜瓜的果汁滴落下来，展现了水果的新鲜和美味

葡萄的照片，将其中的几颗去皮，露出果肉部分，有效地表现出了水灵灵的感觉

充满了“刚采摘的感觉”的红薯

05 用烹饪方法和“小知识”吸引顾客围观购买

用“调味”信息，提高商品的附加价值

◆ 用“佳肴”传递出蔬菜或肉类的美味信息

要想传递出蔬菜、肉的味道，刺激顾客的购买欲望，店家要做的就不仅限于只登出水果这种原材料的照片，最好一起刊载出烹饪后的照片。将沙拉、炒菜、火锅、铁板烧等成品菜肴的照片和原材料的照片配在一起，可起到充分展现出素材魅力的效果。

当然，**在准备和拍摄美味佳肴照片时需要花费一定的时间与精力**，可以事先做好预算，并安排出时间，计划性地加以实施。

有的素材准备好后，不必费力即可拍出诱人的照片。例如在冒着热气的土豆上，撒上即刻融化的奶酪，就可以拍摄出勾人食欲的照片。

◆ 向顾客推荐烹调或食用方法以吸引顾客购买该商品

出售玉米的店铺，可以向顾客介绍各种各样食用的小窍门，是煮熟后直接吃，还是烤着吃，或者简单用微波炉转一下……包括烤前需要剥玉米叶，而煮着吃最好把皮留着，这些**即刻就能用到的信息会让顾客感到受益，并感谢店家贴心周到的服务。**

有的店铺会讲解如何淘洗糙米、怎样加盐、怎样煮得好吃的全过程。有的店铺会建议顾客怎样储存甜瓜更好吃。

向顾客介绍如何享用商品方法的店铺更受顾客青睐。有许多原本没打算购买商品的顾客在了解了食用或烹饪方法后禁不住想购入尝试一下。

在讲解烹调方法时，还可以在同一页面中推出所需的材料及调味品。这样既可以配套销售材料或调味品，对顾客来说，也是让人备感亲切的提议。

勾起顾客“我也想这样吃”的欲望

销售土豆的网店解说了制作薯条的方法。以图片为中心，介绍从油中捞出薯条的时机，想要口感酥脆的诀窍等内容

在介绍汤咖喱菜谱的同时，还销售制作汤咖喱所用的咖喱酱

06 商品“以外”的信息可能会变成最终判断的决定性因素

时期？运费？包装？重量？

◆“一不小心”流失的订单

不少农作物是需要预订的，有的店铺在收获期前半年就开始受理甜瓜的预约订单了。不同的品种，收获期也不同，通知顾客“大约什么时候能到”就成了非常重要的问题。

特别是像日本盂兰盆节这类需要利用该商品的场合，送货的时期绝对不能延迟。而收获农作物的时期未到，想注明准确的送达时间是不可能的，所以一定要注明恰当的采摘时间及配送时间。收获农产品的日期临近时，如果能确定送达时间，一定不要忘记及时跟顾客联系。

请站在相反的立场考虑一下店家未注明收获农作物期间的情形，可能对于店家而言，不过是个“小小的疏忽”，从顾客的角度看来，店家的这个小疏漏却可能让店家的形象大打折扣。许多顾客**会选择默默离开，不再去特**

意咨询，因为出售相同商品的店铺很多，绝不止您一家店有售。

◆ 在顾客购买商品的最后阶段，需要店家“警觉”的信息

在送货阶段，商品如何打包甚至可能成为顾客能否完成整个购物过程的“决定性一步”。在配送途中，蔬菜或水果可能会被严重磕伤碰伤，所以在发货时，让顾客知道店家是如何细心地将商品封装打包，可令顾客感到放心。

葡萄这类商品易脱粒，要想在配送途中确保葡萄粒一粒都不掉是不可能的。正如甜点也存在这个问题一样，事先标明顾客“配送途中可能会脱落部分果实”，避免出现不必要的纠纷。

其他如运费多少钱、是否可以和其他商品一起包装、最多可以送多重的货品等这些和送货有关系的信息，都是顾客在最后要购买时会反复考虑到的问题。因此店家须向顾客提供尽可能详细的信息，以免顾客在购入的最后阶段放弃购买！

推动顾客购买的细致周到的“配送信息”就是这个！

一方面，标明了内含量约 3kg，个数为 25 ～ 30 个

另一方面，清楚地标明一次最多可寄 20kg 的商品，商品的个数只是大致估测的数量等信息。同时没有忘记标上送货期限

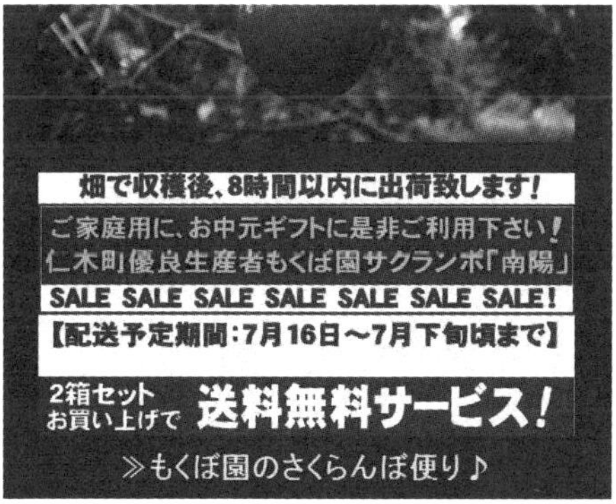

本例中，告知了配送预定时间，以及购买两箱享有免费送货服务的信息。同时，还宣传了“收获以后 8 小时以内出货”的优势

07 精致的外包装可提升店铺的品牌效果

农产品作为礼品馈送亲朋好友时，最重要的就是包装

◆ 注重不同的场合使用不同的包装

农畜产品和甜点一样，除了自家用就是作为礼品赠送。明确被当成礼品馈赠时，店家一定要记得提供以下信息。

其一就是普通装和礼品装。农产品的外观基本都一样，差别就在于外包装如何。如果备有礼品专用盒，一定要告知顾客。还可以请顾客对比自家用和作为礼品时外包装的不同自行进行选择。

可以提供礼盒或免费包装等服务时，一定要清楚地告知顾客。**对于顾客来说，“书面的文字更清楚”。**

照片中一颗颗整齐摆放的圣女果加上漂亮的外包装，一看就是馈赠亲友的佳品，会受到很多顾客的好评。

◆ 一流的订购系统，购物者可按照指定步骤顺利填写贺卡内容

礼品装不可缺少的另一个信息就是挂在礼品上的贺卡。每件商品都要跟顾客确认好是否需要附带贺卡，包括是否需要在卡上注明送礼人的名字等详细内容。

当顾客希望附加贺卡时，店家要清楚地告知顾客详细的操作步骤。例如在订购商品的页面，顾客只需点击按钮，在下拉菜单中选择“空白贺卡”“日本盂兰盆节”“恭贺”“新年”等样式，即可完成内容的设计，该方式备受顾客青睐。

店家要做的就是**向顾客提供只要按照步骤操作即可完成订购和贺卡设计的界面。**

送礼提案会对店铺的形象产生很大的影响

登载送礼用的精美包装的商品图片，和上方自己食用的商品图片进行对比，差异显而易见

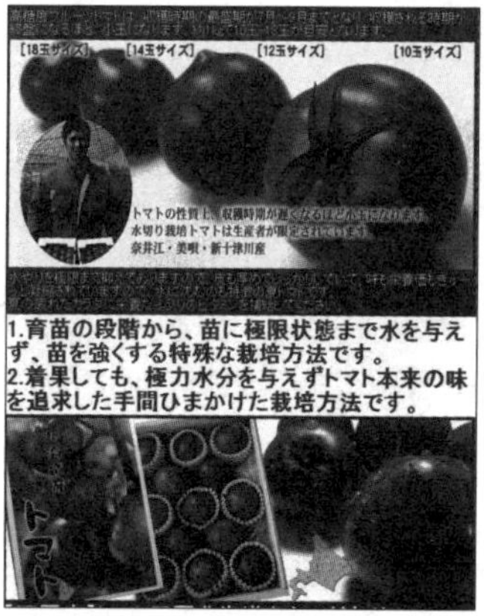

让水果番茄看起来像甜点的拍摄手法

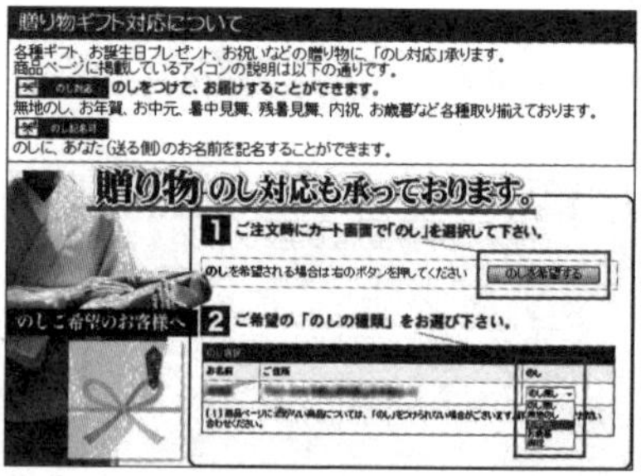

本例中，在告知消费者提供礼签服务的基础上，另附一页进行了详细的说明

08 用“橄榄球”来比喻“十公斤的西瓜”

选择形象的语言

◆ 大胆使用超出常识的广告语

“十公斤的西瓜”与“橄榄球般大小”哪个会加深顾客的印象呢？

必须准确表达商品的尺寸和重量，如果仅靠数字是无法产生量感的，有必要用些让人“恍然大悟”的形象的语句。

有时可大胆地尝试使用和商品不一样的东西的名字。如“三浦的大鸡蛋丰收啦！”将甜瓜比喻成鸡蛋，让顾客感到温暖亲切。

尽管不一样的人会有不同的感受，**促使顾客展开联想**的效果更有效。此例中，可能会出现“鸡蛋 = 小”的负面效果，最好再配上种植者手里捧着瓜的照片，让人了解甜瓜的实际大小。

◆ 锁定目标对象，有针对性地进行宣传

考虑目标对象进行宣传推广同样很重要。除了大众性宣传，“儿童和老年人适用”明确指出了消费群体。如果再配上孩子们大快朵颐鲜果的照片，更会令人印象深刻。

这种**可用于任意商品的语句多积累些，随时都可能被用到。**

必须谨慎选择用语。在销售百分之百的纯果汁时，尽管呼吁“为了身体健康”会起到很好的效果，却可能触及药品行规，只能使用一般的语句表达，而不能注明“益于健康”。

比起“优美的措辞”，要更重视“冲击力”！

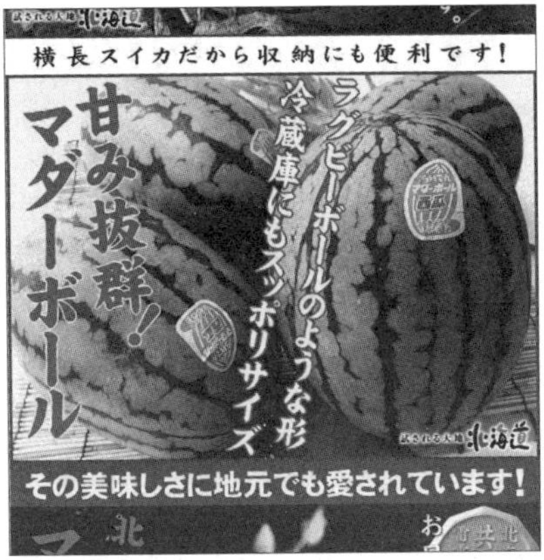

本例中的广告语让人对西瓜的形状和尺寸留下了深刻印象

实际的商品是蜜瓜，却使用了“蛋”这个词，让人印象深刻。通过种植者手捧蜜瓜的照片，展示了蜜瓜的实际大小

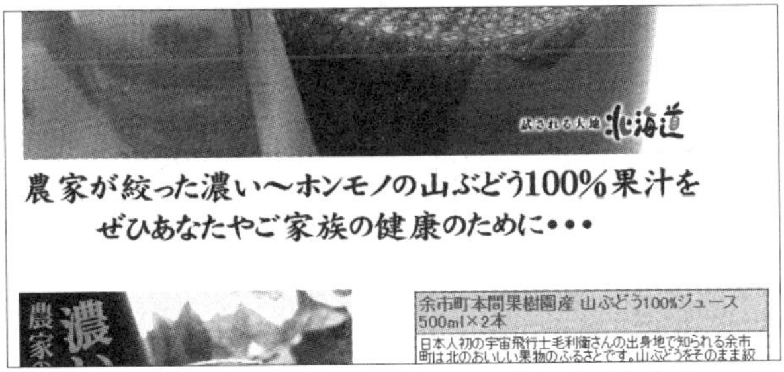

“为了您和您家人的健康”这一广告语，促使还在犹豫的顾客下决心购买

09 早期预约的“三种效果”

① 预先统计规划 ② 促销 ③ 广告效果

◆ 先期订购可扩大推广并能削减费用的原因

有的店铺自 1 月起就开始受理甜瓜的预约订单了。按照一般的考虑，甜瓜的收获期是夏季，那么为什么这么早就开始受理顾客的订单呢？

首先在种植前接受订单就可以掌握销售的预计数量。同时，顾客早下订单可以享受更多的优惠折扣，利于店家打开销路。这些都是针对回头客经常使用的方法。

许多店铺会在夏天，即甜瓜的收获旺季利用网络销售甜瓜。要想突显自家的店铺，必须花不少钱在广告上。

而与此相对的是即使日本国内最大的网络销售平台，自 1 月份起就开始接受甜瓜预约的店家也不过一到两家。像这样很早就接受订单的办法，具有削减广告投资的优势。

假如即使 1 月份没有订单，仍能**给顾客留下**“竟然这么早就可以预约”的印象，从而衍生出巨大的广告效果。夏季来临之际，只要有这样的顾客为了买甜瓜而访问该店铺的网站，就是店家的一大胜利。

◆ 三个“限定感”营销手段的杀手锏

“限定”是更简单直接的销售策略。一般分为“期间限定、数量限定、会员限定”三种。“期间限定”和“数量限定”也是实体店常用的销售策略，而“会员限定”是利用网络特点的销售方法。

“会员限定”促销活动一般是以“可发送邮件广告的会员”为对象举办的销售活动。事先会**向顾客推荐加入会员享受优惠服务以确保会员的数量，实现销售量稳定的目标**。有的农产品商品数量非常少时，打出“每人仅限购买 × 个 × ×（仅限会员）”，宣传效果会非常有效。

“反季”的提前预售冲击力很大

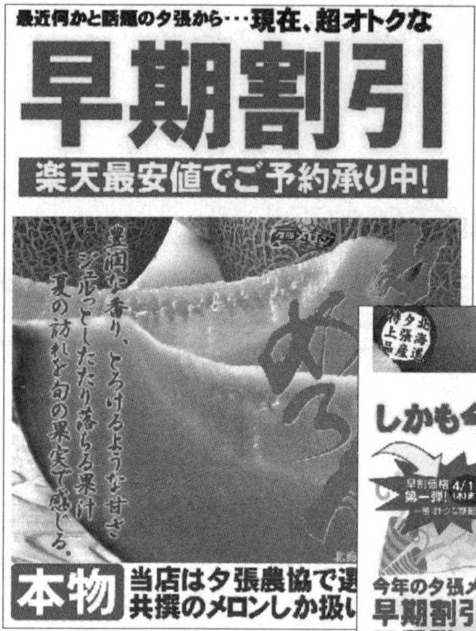

这是宣传预售促销活动的实例（左图）

此外，还出现了分三阶段进行预售促销的店铺（下图）

此例中，强调 3 月份内预订商品的话，就可以享受乐天市场内的最低价

10 对因故降价商品所采取的经济性销售方法

对价格和销售方式进行控制，减少浪费

◆“因故降价商品”的优势与利用方法

大家都没见过堂而皇之宣传因故降价商品的情况吧?“因故降价商品”通常意味着“便宜的理由”。

一直以来，消费者都追求农产品“外观均匀漂亮”。用作礼品赠送时，这种倾向更加显著!

另一方面，现在大家也开始认识到从农作物的特性来看，要想达到均匀化，必须花费相应的金钱或者使用添加物才能实现。越来越多的消费者开始追求既便宜又放心的美味食品，对外形的要求不再那么严格，某种程度的瑕疵是在消费者容许范围之内的。

即便如此，还是会出现严重超出规格的情况。个头儿或是太大或是太小、稍微有点儿伤的商品被称作“B 级品”或“处理品”。

如果**向顾客详细说明是什么原因造成商品的缺陷，**

“处理品”其实是很好卖的。对生产者而言，因为不符合某项标准而要被扔掉的商品如果能产生一些价值，就可成为一部分收入，而且因为该种商品的数量有限，又没有大的质量问题，可同时采用“限定数量”的方法进行销售。

第五章会对稍微有点儿问题的商品的销售要点进行说明。

◆ 顾客不会总光顾常卖“处理品”的店铺

然而，对这种常卖有问题商品的食品网店，顾客会开始持有怀疑态度，“是不是生产管理有问题呀？为什么总出质量不合格的产品，总吃这种食品，真的没事儿吗？”并因此感到不安。渐渐地顾客就会远离该店铺。

“因故降价商品大甩卖”顶多算是种例外的消费服务，尽管是获取新会员的有效方法，可**利用处理品追求利润的方法实不可取。**

真正美味的商品即便“因故促销”也能受到好评

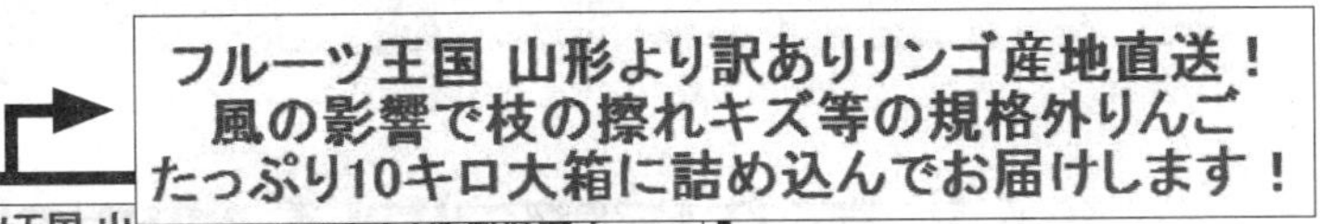

受大风影响，被树枝擦伤造成的“次品苹果”，装进 10kg 的大箱子销售

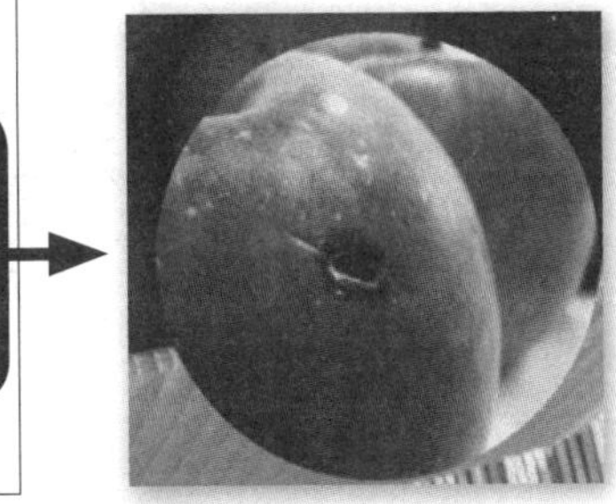

重要的是，将能够展示出来的“缘故”毫不隐瞒地公开

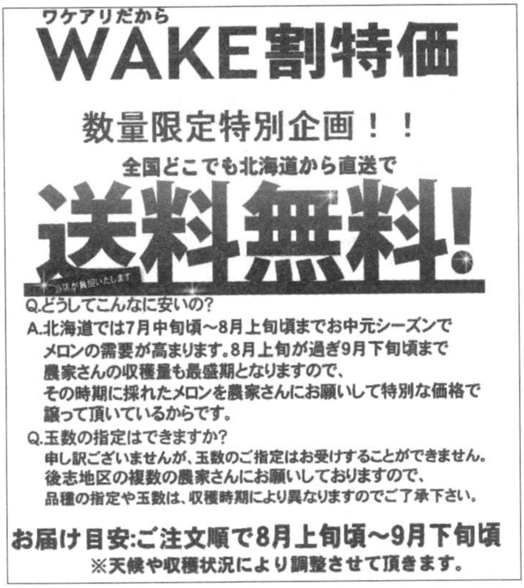

清楚说明“特价的缘由”，以获得消费者的理解

“人”更容易吸引别人的注意

各种各样的物品间，突然出现一个人，自然而然会吸引观看者的注意力。同样，将人物插入到广告图片中，可直接将顾客的视线吸引过来。所以将生产者、参与者、店长等人和商品一起刊登出来，是与其他店铺区分开的有效方法。

另外，除图片外，还可以在网络销售平台广告中插入几行文字。从广告效果这点来看，虽然图片所占的比重最大，但也不可小觑文章的效果。特别是图像传达不了的“早期折扣活动”“处理品大甩卖”等内容，只能通过文章来表达。

编撰网络销售平台广告的文章时，首先应从人的心理倾向考虑，建议在文章篇头的左端书写重要的内容（参考第 190 页）。并且在容易断句的地方换行，便于顾客一眼就看明白所述内容。从左右的像素数推测出一行大致的文字数，对文字内容进行排版，让内容看起来既清楚又漂亮。

通过注重这样的一个个小细节，可以提高点击率。

第 5 章

仅靠“廉价”是抓不住顾客的心的

因故降价商品销售的要点 7

Case Study ④

01 公开处理商品的四个“缘由”，不要加以隐瞒

堂堂正正讲明缘由，会让顾客产生信任感

◆ 主要的“原因”：处理库存、丰收、保质期、B级品

“因故降价商品”是因为“某种原因”才导致价格便宜。从销售策略来讲**正因为该商品存在某种“瑕疵”，所以成了可低价推广的促销商品。**

便宜的“理由”多种多样，主要列举以下四点。

① 大量的库存剩余产品。因为商品本身不吸引人，所以卖剩的商品，想再销售确实很难，可如果是进货计划出现差错导致的剩余库存，就可以作为处理品进行甩卖。

② 超出计划被过量生产的商品。指当蔬菜或水果收获的量比预期高时等情况。

③ 快过期的商品。

④ 质量或味道根本没有问题，仅因为规格太大或太小，或者外观不好看、带点小伤的商品，即所谓的 B 级

品、“处理品”。

◆ 可以将有原因的商品打造成受欢迎的商品

尽管价格便宜是很大的卖点，可如果不清楚地告知顾客“为什么”便宜，顾客也不会随随便便就购买。无论多便宜，顾客也不会愿意买品质差的商品。

例如，因为进货失误导致大量库存或者生产量超出预期的商品本身没有任何问题，只要耐心地将该点向顾客说明清楚，顾客是非常乐意购买这种物美价廉的商品的。

像表面上带点伤的水果这类“瑕疵品”，可直接向顾客指出哪里有伤，是什么样的伤，最近**越来越多的消费者更在意的是商品的品质，并不介意表面的小小瑕疵**，只要向顾客解释清楚，这类产品反而可能成为受顾客欢迎的商品。

“因故促销商品”之常见“缘故”为……

本例中，出售的是因有色差、外形损坏而特价促销的海胆。由原产地北海道进行直送是重要卖点

本例中，出售的是因卖相不好而特价促销的洋梨。以 1500 日元的价格散装（4 ～ 5kg）出售

02 强调因故降价商品独有的物美价廉感，以及拍摄批量商品照片的方法

更重视视觉冲击的效果

◆ 设计出具有强烈视觉冲击效果的“特卖广告”！

不用说，处理品的卖点就在于“价格低”。像过年食品要突出豪华感、甜点讲究气氛、农畜产品独具特色的说明反而是退而求其次了。所以要以醒目的、具有强烈视觉冲击力的价格吸引顾客的眼球。

选择字型时，最好选择又粗又大的黑体字，即使字体太大超出常规也无妨。颜色上也倾向于选择具有视觉冲击力的色彩，价格比通常商品的价格都要显得大一些。虽然前面讲过有必要对便宜的理由进行说明，但通过**醒目的低价会带给顾客便宜的第一印象。**

即使这样，仍要先考虑好是否会给顾客留下有损店铺品牌的负面印象。可以单独开辟出降价品区域，并根据实际情况决定是否有必要设置降价品单选项。

◆ 拍摄让顾客对商品定价感到满意的照片的方法

拍摄因故降价商品的照片时，不能像拍过年食品或甜点的照片那样拍摄单品的特写，而应该**强调商品的数量多。**

堆成小山一样的螃蟹腿的照片、满满一纸壳箱土豆的照片。用稍小的容器、表现出“满得都要溢出来啦！”也不失为有效的方法。照片中醒目的超低价格更容易让顾客加以关注。

用销售明太子的方法看店家是如何表现出量大的，十碗米饭的照片！米饭上满满地盖上明太子！看起来好吃，量又大，深受顾客的好评！

要表现出商品的实惠感和分量感！

盘中盛满了蟹腿。在因故促销的商品页面顶端，放上这样分量感十足的照片，效果显著

照片上 10 碗盛有明太子的米饭，这一创意深受好评

03 用数字直接抓住顾客的心

用数字“说话”

◆ 直接拨动顾客心弦的“数字”的技术

“半价”“超低价”“×× 折”“销售业绩突破 ×× 个”“×× 销售 No.1”……用强调低价的词语或数字配上批量商品的照片，会取得显著的效果。

既可以像“回头率 No.1”这样用数字表示出众多顾客的支持率，也可以利用顾客的实际心声。

例如“这么奢侈的商品现在竟然连老百姓也买得起啦！”“老妈最喜欢吃螃蟹了，超赞！”这样的声音可唤起顾客的共鸣。虽然“老百姓也能买得起”稍有不太礼貌之嫌，可如果以顾客的角度讲出来就没有问题了。

是直接将顾客的心声刊登出来，还是稍作修改再刊登，不管怎样，店家都该以虚心的态度重新审视消费者的声音。**顾客对商品真心的好评也许会给予店家意想不到的启发，发掘出更多利于展现商品魅力的闪光点。**

◆ 根据具体情况决定是显示总价还是显示单价

在宣传低价时，选择显示总价还是显示单价视具体情况而定。

销售处理巧克力时，有的店铺打出了用很大的字书写的“1 粒 10 日元”的价格牌，虽然没显示出总价金额，却更强调出 10 日元的便宜单价，给顾客“即使买了也不亏”的感觉，成为一个销售成功的典型事例。

还有在卖日本夕张甜瓜时，每个甜瓜售价 3980 日元，重约四公斤。而如果按照“每公斤不到 1000 日元”的形式打出广告，同样会向顾客传递出廉价的信息。如众所周知的一样，999 日元和 1000 日元会给顾客留下完全不同的印象，所以店家在设定价格时一定要意识到这一点。

巧妙使用“数字”来突破消费者的心理防线!

直白地传递低价信息是最有效的

以“销售业绩突破 ×× 个”等的数字来打广告，也同样有效果

“1 颗 10 日元”，以单价的形式来强调便宜的程度，抓住了消费者“只需 10 日元的话就买买试试看吧”的心理

04 在最前面的页面设置订购按钮（仅限于销售降价品时）

便于行事果断的顾客迅速抢购低价品

◆ 更具体的说明可以设置在订购按钮后面的网页中

尽管在其他章节强调过前提条件是要制作出便于顾客阅读的详细商品说明的网页，可只有顾客抢购甩卖商品时是个例外。许多顾客重视低廉的价格，在看到低价的瞬间就决定购买的顾客也不在少数。针对这种高效秒杀的行为，要事先特别设置好订购按钮。

当然也不能因为顾客决定得快，就不再提供照片和价格之外的任何信息。对于因故降价商品来说，不看完全部说明就无法点击购买按钮的方式也不适用。

考虑到行动果断的顾客，在**制作提供信息的网页时，必须设置便捷的快速链接口以便顾客随时移动到订购窗口进行订购。**

◆ 将重要的信息“斜着写”

处理品同时也是一种容易被顾客投诉的商品。投诉的原因几乎都是与“事先没告诉我呀！”有关的内容。经常听到“没想到这么小！”“没想到伤这么重！”的投诉，而店方也很委屈“明明在这里写清楚了……”。然而，**店家不应该只是“写清楚”，而要向顾客“传达清楚”。**可以这样说，因为没有将信息向顾客传达清楚，责任仍在店方。

许多购买低价品的顾客因为判断得过快，并未仔细将网页中的信息一条条看清楚。只是大概看了一下，因为价格便宜而购买的因素所占的比重更大。为了让顾客能够重点关注某处，服装店多用“斜体字”（参照下页下图图例），以吸引顾客的视线停在此处，可以对投诉防患于未然。

不要错过当机立断的顾客！

在销售因故促销的商品时，要尽早公布下单按钮，以免给顾客造成压力

本例中，“斜着书写”的广告语很醒目，下面还附上了展示洋梨受损程度的图片。不论是商品受损的理由，还是受损的程度，在细节上毫无疏漏

05 利用降价的原因造势，强调商品的美味或高档感

美味缘于此

◆“因故降价礼品”的品质仍然得到保证

虽然降价品最大的“卖点”是价格低，却绝对不是“便宜货”，而是因为某种正当的原因导致降价，要让顾客知道该商品无论味道还是品质都毫无问题。

特别是用作礼品的商品，仅因为一点小伤就不好卖。但即使有伤也并未影响到味道，**只是丧失了“作为礼品”的商品价值。**

反过来看，像“原本送礼用的奶酪蛋糕降价甩卖”的广告一打出，就向顾客传达出商品本身是高档品的信息，从顾客的角度来看，该商品仍然是品质有保证的高档品。

◆ 从保证甜度到高档专用商品，宣传的方式多种多样

还有其他许多宣传商品美味的方法。

利用糖度传感器对农作物进行检查，保证农作物的甜度；记述生产者及参与者的感言；向顾客解释产品好吃的缘由，都是不错的方法。

曾经有店铺在销售螃蟹涮锅料时，告知顾客“实际上该产品是高档饭店指定的供应产品”，向顾客传达出既然是高档饭店的指定用品，肯定会特别好吃的信息，结果该商品不仅大卖，还受到很多顾客的追捧。当大虾原本鲜艳的红色有点变色，开始不大好卖时，通过对比让顾客看到颜色的不同，再向顾客说明味道毫无问题。

有的店铺还让店员试吃，以向公众证明味道没有问题，同时还必须刊登厂家对此负责的声明。

以能够接受的“缘由”来说服顾客！

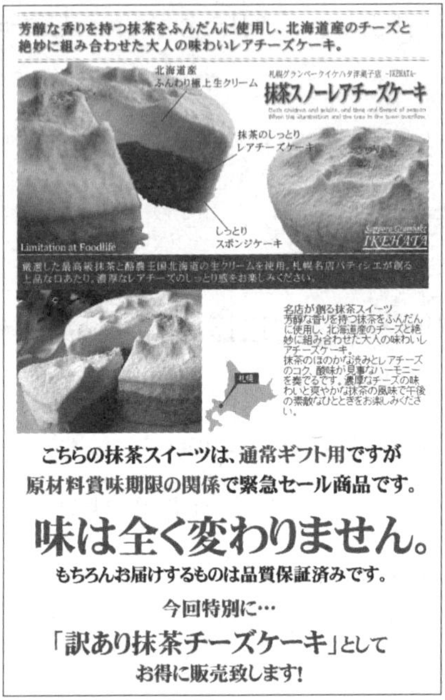

商品稍有缺陷就不能作为礼品销售，但因品质能得到保证，所以作为因故促销的商品出售，就能带动销售

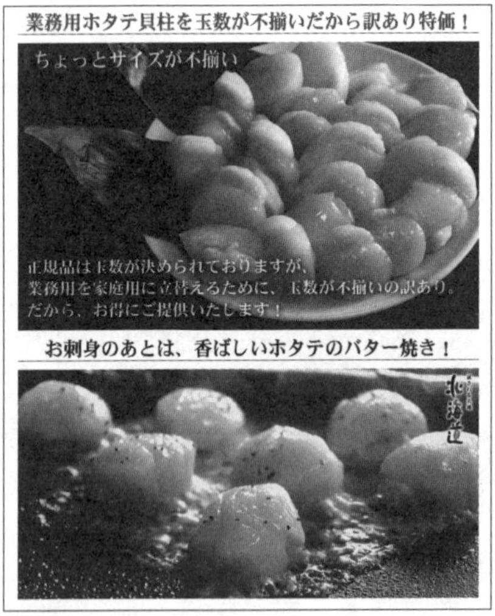

说明是因将业务用商品当作家庭用商品出售，在大小上存在差异。同时，强调业务用商品，宣传了其美味的口感

06 批量销售商品时，向顾客推荐保存、烹饪该商品的方法

让顾客愿意购买大批量商品的方法

◆ 想象一下“大量明太子（一种鱼子，日本人常用以拌饭食用）被送到”时的情形

假如店家自己是购买“一公斤打折的明太子”的消费者，只要稍稍想象一下，就会注意到货品以什么样的形态被送到消费者手里是最重要的。如果在兴奋地打开箱子的瞬间，看到一大坨共计一公斤的明太子时会是什么样的感受？大概会产生“还得分成一小份儿一小份儿的，好麻烦啊！……”的念头吧？只要这么一想，就应该不会再买第二次吧？

如果分成两份，每份 500 克销售的话，对消费者来说，用起来会非常方便，还可能会加以好评：“不仅价格这么便宜，店家还想得这么周到！”进而可能促使消费者二次购买。

店家还应该注明保质期和保存方法。**很多时候会有几**

个顾客合起来批量购买商品，而店家提供的从收货到分货的整个期间的保存方法等信息都会成为对顾客有用的信息，让顾客感受到店家贴心的服务。

像这样从顾客的立场考虑，让顾客既便于购买又便于使用，可区别于其他店铺，从众多的竞争店中脱颖而出。

◆ 推荐各种烹调方法，刺激消费者消费

那么，怎样使用已经购买的明太子呢？是直接吃，还是用于制作意大利面或披萨？可以在各式菜肴中加以使用。如果顾客预先知道了烹调方法，就不必担心因量多而造成浪费了。对大批量购买商品的顾客而言，另一个有用的信息就是店家介绍的各种烹调该商品的方法。

在这里应该注意的是，店家要向顾客**推荐家常菜的做法**。虽然由专业厨师烹饪的菜肴会让人很感兴趣，但对普通家庭来说却并不实用。店家介绍的“店长的浑身解数！”这类由店里工作人员手工制作，并能让顾客马上跟着学的做菜方法，对顾客来说才是切实可行的方法。

促使消费者愿意购买大批量商品的技巧

为了让顾客方便购买、使用商品，强调 500g 起散装销售

销售的同时介绍多种明太子的烹饪方法

07 销售“因故降价帝王蟹”的技巧，提高顾客的满意度

向顾客提供低价却高品质的商品

◆ 与日本“夕张瓜”几乎毫无二致的甜瓜

日本对农产品的规格要求极高，即使味道和安全性都符合标准，仅因为个头儿大小稍差一点，也可能被降为B级品。而这一点反而可以成为热销的卖点。

如高级品牌“夕张瓜”就是由当地的日本农协对甜瓜的糖度和尺寸进行检验，检查合格的商品被冠以“夕张瓜”的名号，如果不符合糖度或尺寸的要求，即使在夕张采摘，也不可以被称作“夕张瓜”。因此有许多甜瓜因为稍微不符合标准，而无法被打上“夕张瓜”的标签出售。

这种**比品牌稍逊一点儿的商品因何落选就成为热销的卖点**。顾客在了解实情后，是非常乐意以低很多的价格购买实质近于“夕张瓜”的甜瓜的。

◆ 略显空壳儿的帝王蟹会让顾客感到不满，还是会赢得顾客的好评？

帝王蟹长大后会蜕皮再换新的甲壳，为此，蜕皮前甲壳中的蟹肉显得满满的；而刚蜕皮后，身体还未长到甲壳般大小，甲壳中因留有空间就显得发空，就是所谓的“×成蟹肉”。

如果不做任何说明就向顾客销售该蟹，顾客会以为这蟹长得不好而心生不满，甚至会成为投诉的原因。无论价钱卖得多便宜，如果被顾客认为是廉价品，就失去了帝王蟹本身的价值。

这就需要店家清楚地向顾客介绍该商品。如果将蟹肉未满的程度强调得比实际更严重一些，**降低顾客的期待值，也许顾客在收到货品后，反而会给出“比店家说的好多啦！”的好评。**

只有 B 级商品才具备的吸引力

以产自北海道和“农家特供”来突出蜜瓜价格的低廉。同时，时间上的限定也突出了商品的实惠感

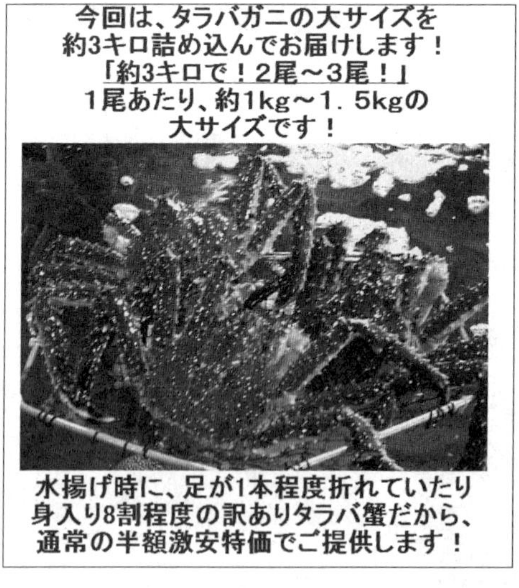

解释因蟹腿折断，蟹肉八成等的缘故，而供应特价商品

使点击率增加“五倍”的超市广告图片 之五

设计出 3D 效果

本章将介绍如何赋予图像极端立体感的方法。

以前都是采用修饰广告四周的方法，处理后整个图片会出现些许凸出的效果。可最近因为被广泛应用，已经不再像以前那样引人注意了。

最近，被采用的有效方法如上图所示，特意在广告的边框内留少许余白，将该商品的图面放大超出范围，以彰显该商品溢出的立体效果。

当然，该种方法的效果也不会长久，很快就会被人模仿、滥用，所以要经常考虑新的方法。不只是广告图片，销售手段等技能也都一样，不仅要顺应时代的大潮，还要尽一切努力抢先一步。

将过去一度废弃的方法，再配上适合自己的独特创意，或许不失为一种好方法。

第6章

献给业余拍摄人员的

拍摄食品照片的要点13

01 业余人员足以胜任拍摄食品商品照片的任务

相信自己，挑战新项目

◆ 由业余人员拍摄照片占很大的优势

首先要抛弃“必须委托专业人士给商品进行拍照”的先入为主的观念，业余拍摄的照片同样可以用于销售食品的场合。

与导购杂志等印刷物上刊登的照片不同，显示屏显示出的照片在是专业还是业余上的差别并不大，对像素的解析度要求也不高。

其实，**不委托专职摄影师拍照的优势更大。**首先，可降低成本，削减向专业摄影师支付的摄影费用。其次，食品网店会用到大量的照片，从花费总额上看可以大大降低成本。

而且在查看顾客反响的同时，会对一些反响不好的照片重拍或更新，这又成为自主摄影的一大优势。即使花钱照了很漂亮的照片，如果未起到提高销售额的作用就毫无意义，照片的好坏只能由顾客回答。

◆ 自主摄影的三个心得

虽说业余拍摄的照片足以胜任网店商品照片的角色，但绝不能使用焦距模糊、想看到的地方却被阴影覆盖的照片。必须根据照片的聚焦是否一致、重点突出商品的哪个部分等最低标准对不合格的照片进行清理，并在拍摄过程中注意以下三点。

① 利用自然光照明

避免使用闪光灯，以免出现较强的阴影效果。不一定买专业的照明器材，利用自然光同样可以拍出漂亮的照片。

② 采用自动模式拍照

全神贯注地拍出看起来很好吃的商品照片，不必使用太复杂且用不惯的功能。

③ 尽可能多拍一些照片

“照得多了，自然能挑出好的。”

本章从第四节起将对以上内容加以说明。

02 只有“亲自尝试”才能切身体会到商品的真正魅力

体验舌尖上的魅力

◆ 以一位消费者的姿态品味自家的商品

在拍照前必须做的事是亲自尝自家的商品，并开始喜爱该商品。

如果是包装好的商品，好好欣赏一番后再开封，从各个角度玩味后试食该商品，如果觉得“坚果非常好吃”，那就专门给坚果拍个特写吧！

重要的是要以和顾客相同的眼光查看商品，这样在充分了解商品的优缺点后，该如何给自己所熟知的商品进行拍照的创意自然会不断涌现出来。

和机械地给没吃过的商品拍照相比，**对商品满心喜爱的人拍出来的照片会更自然，更富有魅力。**

◆ 真心发出“太好吃啦！”的感慨，触动顾客的心弦

“亲自尝试过”的体验不仅会影响到拍照效果，其影响还会在如何宣传展现商品上表现出来。

没有实际吃过就感受不到“比想象的还柔软！”“太香啦！”“甜度正好，含到口里回味无穷”的心得，而**只有真心发出的感慨才会真正打动顾客。**

可以请女店员将食用过甜点等商品后的感受直接发布出来。

有时，您打开包装时所感受到的氛围，以及切开水果瞬间留下的印象，是亲力亲为前所从未曾想象到的。

这时就不是想尽办法让照片看起来不错，而是原汁原味地进行拍摄说明，这样会收到更好的效果。夸大实物的过度宣传反而会与顾客的期待背道而驰。

03 布置场景，准备些小道具，以备拍照时使用

拍照所必需的最低条件

◆ 一定要抱着“试着去做”的态度

本书中刊载了很多照片，可除了过年食品外，其他如食品商品的照片、菜肴的照片以及产地的现场照片等都是在没有专门器材、环境的条件下，由业余人员拍摄的。是不是很棒的照片？即使是业余人士也能简单轻松地拍摄出这种水平的照片。

照相机也不一定是高级的，有一台两到三万日元（折合人民币约为一千多元）的数码照相机就足够了，也不必特意准备专门的照明器材（参考 187 页）。

现在数码照相机的配置相当高，可以随时拍照。**做与不做，就看自己想不想“试试”了。**

过年食品属于特例，会在其他页特别加以说明（参考 206 页）。

◆ 将窗边的桌子变身为摄影台

当然不必准备专用的摄影工作室。即使需要拍摄大尺寸的水果照片，一张长宽各一百厘米左右的桌子放在窗边就足够了。如果窗边没有空间，可以在会议室或食堂等处临时找一块地方布置。

准备画纸或桌布，铺在桌子上，再准备些透明胶带和剪刀等小物件。**身边的小物件可以作为比对商品大小的参照物。**

例如在商品旁边摆上塑料瓶，顾客就可以了解到商品的实际大小。很多时候还可以用刀叉来按压食品，以呈现出商品的软硬度。

最后不要忘记准备好尺子和秤，正确的尺寸及重量对顾客而言都是极为重要的信息。

拍摄商品照片所必备的工具

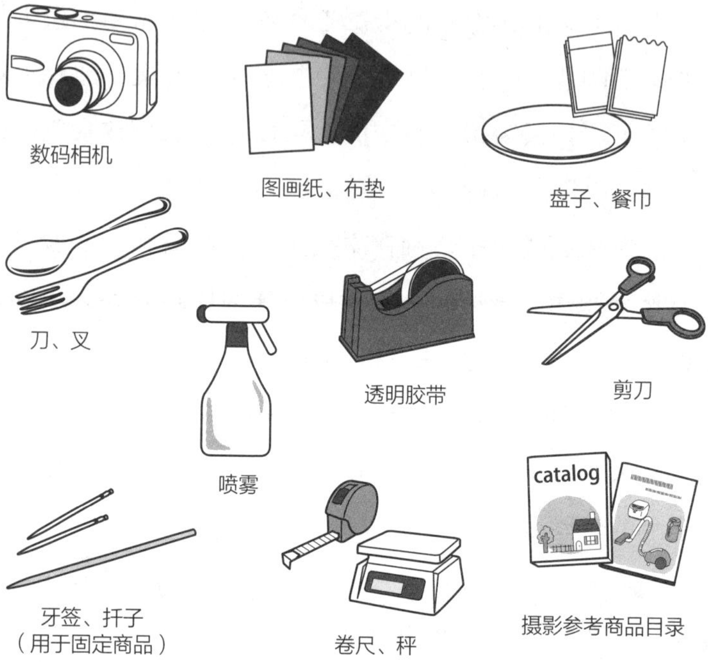

即便在这样的环境中，也能拍摄出有吸引力的照片

04 移动身体，透过镜头寻找最佳角度

用“脚”对角度进行微调

◆ 与其挪动商品，不如挪动自己

那么，开始拍照吧！

首先，将商品摆放到桌面上。尽管谁都希望直接将商品摆放出最佳角度，既便于介绍商品，又看起来很诱人，可实际透过镜头一看，就会发现还是有必要对摆放的方向做出细微调整。

此时，如果一次次挪动商品，再反复从镜头中查看商品的角度是否最佳，会花费相当长的时间。如果决定了商品的大致方向和位置，不移动商品，而是摄影者自己移动身体寻找最佳角度则会变得更为简单有效。

即使**稍微改变角度，商品的光泽度也会因此显得完全不同**，所以稍微移动自己的位置对拍照的角度进行微调，比移动商品的方法更为有效。

◆ 从没看见过的角度进行拍照会给顾客留下更深的印象

读者如果现在回头去看第 2 章就会发现，拍摄过年食品这类照片时，原则上都是以较低的角度进行仰角拍摄。这是为什么呢？这是因为从较低的视点进行拍照，比起以坐在餐桌旁吃饭的角度进行拍摄，更能演绎出商品的豪华感以及立体感。这是商品摄影的通用法则，请店家一定试试。

从仰角进行拍照，更能突显物品的豪华感和立体感的原因大致有两个。

一、按照从上而下的普通视角拍摄出的照片比较平坦，而低角度拍照可生出远近感，显现出“纵深”的效果。

二、由于以该视角看到的菜肴更强调食物的新鲜感，这种平时不常见的画面，会给顾客留下很深的印象。**不仅是低角度，只要从平日不常见的各个角度进行拍摄，都能拍出具有视觉冲击力的照片。**从各个角度尝试一下吧！

改变拍摄角度就能展现商品不同的魅力

只是稍稍改变一下拍摄的角度，商品的光泽度就发生了变化。这种微妙的角度调整，拍摄者要边看镜头边移动才能找到

调低视角，商品给人的感觉就大不相同了

平时不太常见的场景能给顾客留下深刻的印象

05 利用照相机的宏观模式进行拍照，将所有意识集中到被拍摄的物体上

既可以省略变焦操作，也可以省略调换模式的操作

◆ 全身心投入到如何拍摄出吸引人的照片上

和调整角度一样，在对商品拍摄特写镜头时，建议不要使用照相机的变焦功能，而是拍摄者自行靠近商品进行拍摄。这是因为业余人员在拍摄时，越是尽可能不操作相机，越能将全部注意力集中到被拍物体上。即使没有熟练掌握照相机的各项功能，也可以简单地拍摄出理想中的特写照片！

这种方法对专业人员当然是不可取的，虽然业余人员也能在抓拍照片时轻松地使用变焦功能，可**要想拍出“销售用的照片”，拍照人员就必须将全部精力都集中到如何展现商品的魅力上**，尽可能减少任何分散注意力的可能性。

并且，使用变焦功能会降低图像的解析度，而像素过

低的图片刊登到网页上的效果不佳，须尽量避免。

◆ 始终设定在微距模式上

为了能够在照片中如实地表现出食品的数量、豪华感，让人产生购买的欲望，多采用近拍的方式。此时，如果仍将照相模式设定为标准模式，靠近商品时焦点就会对不上，须设定在微距模式。

一般来说，近拍时，当微距模式返回到普通拍照模式时，会返回到标准模式。然而，此时我建议在拍摄任何照片时，一直保持在微距模式进行拍摄，这样连切换模式的操作都可以省略。**微距模式同样适用于一般的摄影场景。**

尽管我已经重复几次，但还请店家倾力创造出可将全部精力集中于所拍商品的环境。

以下的照片都是用微距模式拍摄出来的！

不要移动商品，拍摄者前后左右移动位置，就能拍出商品不同的风情

拍摄特写也好，普通的照片也罢，微距模式都能轻松地应对

06 万能的太阳光

自然光下拍摄出的食品照片最漂亮

◆ 不用任何闪光灯和照明器材

拍照时需要充足的光线，专业的照相师在室内拍摄时，为了展现被拍摄物的细节，会利用闪光灯或摄影专用照明器材等。实际上，**显示屏上显示的网店所用的照片并不需要过高的分辨率**，不必使用专用的器材。

绝对不要使用闪光灯。闪光灯的光线照到的部分，将丧失微妙的凸凹感，不但展示不出商品本身的质感，以及色泽和味道，还会在光线照不到的地方形成强烈的阴影，让顾客很难看清楚商品。

从整张照片的效果来看，除了商品的周边会变亮，光线照不到的地方背景都会变暗，越发使商品显得苍白，这样的商品照片实在称不上是好照片。

◆ 基本上选择在上午阳光最柔和的时候拍照

自然光可以被称作能让被拍物体显得特别自然的万能光。

在室内拍摄时，在窗边摆放好商品，可以利用自然光拍摄出特别自然的商品照片。例如在拍摄农作物的照片时，可以到当地对农户进行户外采访，在光线适宜时摁下快门，可以拍出好的照片。

需要注意的是，避免在强烈的直射阳光下出现过强的阴影。天气略阴时光线柔和，比晴天更适宜拍照。

从时间段来看，**上午比下午的日照光线柔和。**窗边因为直接受日光照射，可以用半透明的硫酸纸将整面窗户遮住，这样可避免阳光直射，拍出自然漂亮的照片。

只有在自然采光下拍摄，商品才能熠熠生辉

若使用闪光灯，商品照射到强光的部分变得缺乏立体感，而背光的部分会显得更暗

只有商品周围显得特别明亮，背景部分变得阴暗，这样就起到了反效果

同样的构图，用自然光进行拍摄的话，就能拍摄出如此自然、漂亮的照片来

07 应从左面照明的两大缘由

人的习惯决定了照明的角度

◆ 从整齐有序的照片中可看出照明的效果

正确的方法是从商品的左边给商品照明。

仅看一张照片，也许不会认为照明的方向对拍摄照片有多重要。可一旦将几张照片摆在一起加以对照，就会发现照明的方向非常重要，因为如果照明的方向不一致，照片就会显得很杂乱。

虽然只是些细节，但只要将照明调整好，就会给人留下自然整齐的印象。在窗边拍照时，从镜头中望去，窗边必须位于偏左边的位置上。不只是视觉的问题，决定好照明的方向对高效拍摄同样有利。

一点一滴的细节演绎出不同寻常的网店效果。

◆ 人的视线习惯于从左向右扫视

虽说从右面调整方位感觉也不错，可从左侧照明是铁的原则。人的视线通常是从左向右扫视物体，照明的光线顺着视线照到所拍物上，反射到人眼是顺理成章的。

例如，汽车杂志和给孩子们看的汽车画册上所刊登的汽车照片、插图，原则上都是朝向左前方，当然也会有从右向左酷酷的照片。您可以试试从右向左拍摄照片，也许会感觉不错，但不知怎的总会有点儿别扭的感觉。

不只是照片，就是在看整个网页时，同样会出现相同的问题。顾客的视线都是从左上向右下的方向移动，所以网页制作时，**要将重要的信息或按钮设置在视线最早停留的左上角。**

细微的差异却给人带来截然不同的印象

（从右侧打光）

（从背部打光）

（从正面打光）

（从左后侧打光）

左侧的四张都是同一张照片，是从左侧打光拍摄出来的效果。
由此可以看出，光线分散的话，拍摄出来的照片显得较为杂乱（右侧 4 张）

08 摄影前的准备工作以及摄影后对图像进行处理的要点

摁下快门“以外”要做的事情

◆ 沉着冷静地做好拍摄前的准备

在给食品拍摄照片前做好万全的准备。

食品的新鲜度决定了一切。一定要在商品新鲜时拍照，这是最基本的要求。即使已经开始拍照，也一定要在保证新鲜度期间全部拍完，与时间赛跑。即使现场产生了新的想法，而商品已不再是最新鲜的状态，也是来不及的。

拍摄甜点的照片时，可以**先查看竞争店铺的照片或刊登了理想照片的网页，在心里预先构思好，并决定照片的大致张数**，可促进当天的工作顺利进行。

别忘了做好能烘托出氛围的准备工作，将前面介绍过的甜点和农畜产品章节中所提到过的喷雾、小毛笔、茶具等小道具都准备好（参照 79、125 页）。

◆ 调整“明暗度”与“对比度”

当然如果拍的照片能够直接使用最好，然而有时必须对图片进行修正，特别是很多时候都必须对明暗度和对比度进行细微的调整。

食品的照片如果发暗会看起来不好吃，通过**上调明暗度，增强对比度**，可一下子提升照片的明艳度，让食物看起来格外美味。如果照片略显模糊，可以通过**增强锐度**，以让商品看起来更加清楚。

关于配色问题，能强调出原色的效果最佳。像螃蟹是红颜色的，若红色渐淡，就可以利用色调修正功能加强红色的效果，让螃蟹显得既新鲜又美味。

这一番功夫是画龙点睛之笔

在这张照片中，商品表面的水滴给人以水灵灵的感觉，若没有水滴则达不到这样的效果

主打商品是和式点心，套餐中也包含了茶。照片中，将配套商品茶放在镜头前加以特写，展示了与其他照片不同的视角

没有把蟹脚盛放在白色盘子中，而是放在了卷帘和竹叶上，商品的豪华感和新鲜度就发生了变化。按照理论，蟹脚、竹叶也都要濡湿以后进行拍摄

09 利用“食用瞬间”的抓拍效果，直接刺激观者的味蕾

追求的不是照片的美感，而是是否能唤起观者的食欲

◆“即将入口的食物”令人馋涎欲滴

披萨上融化的嗞嗞作响的奶酪、筷子挑起的拉面上的热气、一碰叉子就陷进去的松软的糕点……**必须抓拍出食品“马上被送到嘴边瞬间”的象征性镜头。**

当然，充满诱惑力的商品照片可以让顾客产生身临其境的感觉，即使不做详细的说明，也可以引起顾客的食欲，刺激顾客的购买欲望。

以亲身享受美食的心态抓拍将挂着油脂的梅花肉片送到嘴边的瞬间镜头，用这种置身现场的感觉刺激顾客的味觉。

而且，因为大多数人都是用右手拿筷子的，看照片时，食物应该是从右侧被伸进镜头，这是拍摄此类照片的基本要求，虽说是小细节，但必须加以重视。

◆ 相信自己的感觉，并一定要在拍完后对照片逐一确认

要想让别人在看照片时觉得照片里的东西好吃，最重要的是拍摄者本人以消费者的姿态感受到所拍摄的食物真的看起来很美味。顾客追求的不是照片本身而是照片的内容，拍摄者必须对自己的感觉充满信心，拍出刺激观者味蕾的照片。

虽然现场拍照的人员会动用五感对商品进行拍照，在网上能向顾客传递信息的却只有照片和广告语。也就是说，要想仅凭视觉效果打动观众，照片就必须具备点儿“老王卖瓜，自卖自夸”的气息。

拍摄完的照片必须在电脑上加以确认，**只有处在和顾客相同的环境下，以相同的目光审视图片效果，才能做出准确的判断**；而不是仅在数码照相机小小的屏幕上草草了事。

在拍摄菜肴时，一定要对烹饪的全过程进行拍摄，这样商品才会给顾客留下既丰满又全面的印象。照片还会起到向观众介绍菜谱等诸多作用。

演绎出让消费者“忍不住要买”的情景!

用筷子夹起送入口中那一瞬间的情景，是勾起顾客“食欲”的“铁则”。要记住筷子要从右侧夹起食物

在蛋糕上轻轻放上一把叉子，就能完美地展现出食材的质感和柔软度

烤鳗鱼表面的真实质感，以及升腾的热气让人“欲罢不能”

10 身边的小道具、大功效

听从自己的食欲，做想做的事

◆ 鲜火腿配红酒、饺子配啤酒

再介绍一种可以激起人食欲的照片的拍摄方法，即在商品旁摆放些小道具进行拍摄。

要想让火腿看起来既新鲜又美味，在旁边摆上斟了红酒的高脚杯；饺子旁边放杯溢出泡沫的鲜啤；如果是咸菜，可配上白米饭，注明“下饭菜！”；用干冰表现出冰激凌云雾缭绕的样子，在炎炎夏日，会带给观者“凉凉的、好吃极啦！”的感觉！如果再在水果旁放杯榨好的鲜果汁，无意间就向观众传达了既能直接吃又能榨汁当饮料喝的建议。

创意是没有标准答案和界限的。如果拍摄者能切身地将“口水直流”的感受如实传递给顾客，是一定能拍出吸引顾客购买、尝试的照片的。不必认为这有多难，以剧作家演绎作品的姿态，试着开始拍摄属于自己的照片吧！

◆ 和重视商品一样，同样要对商品的包装加以重视

目前为止，一直讲述的都是如何对商品本身进行拍摄，可对于网店来说，拍出反映如何对商品进行包装以及配送的照片同样很重要。因为涉及整个商品的外观，一定要全力加以拍摄，万万不可懈怠。

不少顾客是在最后确认如何送货以及配有什么样的附件后才决定是否购买该商品。在第 3 章有关甜点的介绍中也曾提及打包或外包装可能会成为顾客最后决定是否购入的判断依据，其重要性几乎等同于商品本身。

就像拍摄者本人觉得商品非常好吃而进行拍照时一样，在给商品外观进行拍摄时，试想一下自己如果就是收到礼物的那个人，那么**怎样的包装会带给自己惊喜呢？**像这样在享受快乐的同时，对心爱的礼品进行拍照。

要最大限度地刺激顾客的食欲！

用手挡住镜头右前方的啤酒试试……跟有啤酒相比，哪个看起来更美味呢

拍摄盛夏时节食用的水果，想要营造出凉爽的感觉，利用干冰冒出来的白色冷气，效果非同一般

猪肉盖浇饭酱汁的美味，只能通过浇在米饭上的情景来表现。本例中，用镜头捕捉到了酱汁滴落的瞬间，展现出了其美味

11 根据气候和阳光决定适宜的拍照时间

最适合拍照的时间段

◆ 天气好的上午最适宜拍照

一说“残阳似血”，谁的眼前都会立刻浮现出该景象吧？太阳光随着时间段的不同，色泽和带给人的感觉也不相同，上午光线略发白，中午开始变得刺眼，而临近傍晚的天边会洒落一片红色的余晖。

尽管“照明度”是显示明暗的基准，但还存在“色温”的尺度。色温高，颜色中冷色调比重大，色温低则呈现出红色的润泽。虽然没有必要记住专业术语，但还是需要知道**上午的光线发白时更显自然，晚上夕阳西下时则会渲染出红色的氛围**。基于该点知识，基本可以认为上午的光线更适合拍照，所以尽可能选择天气好的上午进行拍照。

照相机还具有白色平衡的功能，能在不左右色温的情况下进行修正，重现白色效果。即使没有出现正常的色调，也可以在拍摄后对图片进行修正，不必使用上述功能。

◆ 最好选用北侧或南侧的窗边，可以避免阳光直射

最佳的摄影方法就是在室内的窗边利用上午的自然户外光进行拍摄。而在不同的季节，上午太阳的位置较低，置于东侧窗边的被拍物体会被投射出长长的阴影，所以推荐在北侧或南侧的窗边拍照，阳光不会直射，而是被反射到室内。即使是南边的窗户，因为中午太阳高，大多不会直射。虽然太阳的位置会变，反射光的变化却不大，即使长时间拍摄，光线的量也能保持在稳定状态。而且反射光的光线柔和，上午的反射光更是特别柔和。

但也不能因为一味注重时间，将每日的业务都安排在摄影时间之后。上午没有时间拍照时，可以选择自然光的“色温”适宜时进行拍摄。例如将红色多的商品集中到一起映衬着夕阳拍摄，商品的颜色融入到自然的背景色中，就是极好的调和色温的拍摄案例。

12 多拍照，挑出最好的

努力多拍些照片

◆ 用心布置商品

很多人会说："我对如何布置商品一点儿感觉都没有！"给网店拍摄食品的照片时，是不需要特别的技术和感觉的。**家里来重要的客人时，谁都会准备丰盛的菜肴款待贵客，只要以相同的心情和步骤为拍照做好准备即可。**以顾客的心情从镜头里查看种种环节，不仅会发现许多需要注意的地方，还会浮现很多新的想法。

从这点来看，有很多女性表现得更像业余摄影师。其实无论是哪个网店的人，只要开始做水平都会越来越高。

正如已经讲过的那样，只要将照相机设置在微距模式的自动功能上就足够了，不必将精力和时间花费在如何操作相机的功能上，只需将全部精神集中于商品，把商品的最好一面展现给观众！

◆ 抱着强烈“想卖出去”的想法

尽量多拍一些照片，如果用的是数码摄像机，无论拍摄多少张照片都不需要花费什么成本，只要将不用的照片删掉即可。将商品摆好后，剩下的就是按快门了。从这点上来看，自己拍照是件非常有意思的事情，不必委托给专业摄影师。

照得越多，发掘出好照片的概率就越大。边拍摄边学习，渐渐地就会掌握要领。尽管挑照片时需要锐利的目光，可没有人会比您更了解自己的商品，所以一定要相信自己的目光，您挑出来的一定没错！

最胜任拍摄此类照片的人除**强烈想要“卖掉”该商品的人员外，没有他人**！

13 需要借助专业摄影师专业技能的个别案例

只有专业人员才能拍出的专业效果

◆ 请专业摄影师拍摄要求严格的照片

本书自始至终一直推荐店家自己作为业余人士对商品进行拍摄，然而也有例外的情况，这就需要聘请专业的摄影师进行拍摄，在本章的最后对该情况加以说明。

业余者利用自然光拍照的唯一缺点就是会受到气候的影响。雨天不适宜拍照，而且全天必须拍摄很多照片时，随着时间的推移，亮度和色温都会发生变化，会对照片的氛围造成干扰，或多或少显得杂乱。而专业摄影师因为使用的是专业照明器材，不会被天气或时间左右，可以保证稳定的照明，顺利地进行拍摄。

即“在**有限的时间内必须进行长时间摄影”时，将拍摄工作委托给专业人员最为安全。**

例如，当给过年食品拍照时，供应商以及负责设计过年食品的许多人都会到场，不会因为下雨就轻易中断工作。而且拍摄的工作量大，需要稳定可靠的照明，商品本身又贵重，这些因素都决定应该聘请专业摄影师进行拍摄。遇到这些情况，店家应该将意图表达清楚，具体操作交由专业摄影师进行。

◆ 拍摄印刷品上所用照片须委托专业摄影师拍摄

如前所述，印刷用照片的分辨率很高，与在屏幕上显示相比，纸面上的照片更重视细节，而且对颜色的要求非常苛刻，再怎么努力拍摄，也还是会出现不少差错。

印刷用照片如果没有专业人员的技术以及专用的照明器材，恐怕很难拍出实用的照片。

因此我认为，如果需要**拍摄同时用在网店和导购杂志的商品照片，最好聘请专业的摄影师进行拍摄。**

做好依靠专业摄影师技术的准备

这张照片是专业摄影师拍摄的。在带有黑色细条纹的材质上，放有多个套盒，这种采光技术不是业余人员可以轻易模仿的

这是市场上有售的图片。在对焦比较困难时，或者拍摄容易反光的露珠、时间受限制的烤制食品等，业余的摄影技术难以完成的情况下，也可以使用市场上销售的图片

使点击率增加“五倍”的超市广告图片 之六

2×2 的微观世界

在最后一栏中，将介绍非常细致的技巧。

我们在买鱼时，如果想知道鱼是否新鲜，通常会看鱼的眼睛。新鲜的鱼眼睛很黑，且闪耀着光芒，搁了一段时间的鱼眼睛会变得浑浊。网店在卖鱼时，当然会对所刊登的鲜鱼图片进行图像处理，既不会显得不自然，又使得图片中鱼的眼睛又黑又亮、熠熠生辉。

在 200×200 的像素图片中，鱼眼睛大概占 2×2 像素的范围，点数仅占四点。如何对这个仅占四点范围的颜色进行设定，会影响顾客对鱼新鲜度的判断，并使得点击率完全不同。

其他常见的如从勺中垂下的、闪耀着柔和金色光芒的蜂蜜照片，闪光点仅占大约2×2像素的四个点的范围。

大概您会质疑是否有必要对细节如此苛求，可实际上确实有店铺因为注重这一点而使店铺的销售额上涨。至于做与不做，就看店家自己的判断了。

第7章

Web市场营销的基础知识

吸引顾客、接待顾客，并使顾客人数增加的基本点10

01 网络销售的三大集客手段 邮件广告、广告、搜索引擎

最低限度的集客结构

◆ Web 市场的三大传统方法

第七章的内容稍微偏离了“展示商品”，讲述的是市场的基本内容，又因为很多专业书籍都对市场进行了详细讲解，所以在此只就如何跟顾客交流这一点，对与展示商品有关的更深层次的集客、待客等基本内容进行讲解。

网店集客除了利用导购杂志以及电视广告等模拟信息方法，还有**“搜索”“广告”“邮件”**等三种 Web 方法。“搜索”和“广告”可获取新的顾客，对老顾客主要用的方法是“发送邮件”，这些都是需要知道的基本方法。

◆ 邮件广告的效果不再像以前那样有效

尽管“搜索”和“广告”都是以获取新顾客为目的，却各有各的特点。

自己通过搜索查找到店铺的顾客可以被认为是购买欲

望更高的顾客，仅凭从这一点就可以知道“搜索”的重要性。一般情况下，搜索的目的不光是购物，更多的时候是收集信息，所以正如接下来要讲到的一样，必须清楚哪位顾客是为了购物来访问该店，哪位顾客只是逛逛查看信息。

“广告”由店家推送，虽说顾客是被动的一方，可对店家而言却是不可或缺的方法。广告大致分为网络销售平台广告和 PPC 广告（Pay Per Click 广告）两种（参照 222 页）。

发送“邮件广告”是针对接触过一次店铺的顾客发送信息的方法。但因为与 DM 相比成本低，被很多企业滥用，使得消费者对此类邮件的开封率大幅降低，该方法较之从前，集客的效果显著下降。尽管如此，该方法仍然是标准的方法（参照 225、228 页），接下来会详细加以说明。

02 网络营销业界的 SEO 对策

SEO 策略的重要意义

◆ 为“名列前茅”应达到的三个基准

要想快速被搜索到，就要运用 SEO（Search Engine Optimization）策略。SEO 策略指如何在顾客使用 Google 等搜索引擎搜索时，让自家的网站排在前面。

决定了搜索结果显示顺序的基准是搜索引擎方的机密要件，绝对不是 SEO 策略。**SEO 策略实际是由经验和推测总结出来的实际应对方法**，说起来有点像应试技巧。正如东京大学的考试题目只有东京大学的出题人知道，无论应试者采用多高的应试技巧都无法保证会押中试题。

但可以说主要存在三个标准。第一，网站内包含适当贴切的搜索关键词。第二，按照固定的规律编写代码（HTML 编程语言）。第三，会被很多优秀网站链接。

◆ SEO 策略容易奏效的网络销售市场

如果想彻底将 SEO 策略讲清楚，需要写一整本书的内容，其实，最基本的就是构建满足上述三个基准的网站。

网站的文本内包含被选出的易被搜索的关键词；能够准确编码；争取吸引许多不错的网站进行链接。

出人意料的是日本的网络商铺业界对 SEO 策略重视得比较晚，因为很多店铺是基于网络销售平台发展起来的。**网络销售平台会执行一定的 SEO 策略**，却并不需要在网络销售平台上开店的各店铺自己考虑该问题。而且由于受到网络销售平台的限制，各店家无法独自编码。

反过来看，正是因为日本业界起步得比较晚，只要执行适当的 SEO 策略，反而会比较容易出成果。

03 复合关键词的“绝妙组合”被搜索时排在前面的决定性因素

争取在特定搜索领域被排在前面

◆ 用两三个词语的组合，缩小搜索的领域

先介绍一个容易做到的检索方法——选择合适的关键词的方法。首先应该知道的是如果不是超有名气的企业，仅靠一个关键词是无法让自己的店铺位于搜索显示结果的前列的。

丰田能够在仅搜索“汽车”时被显示在前面，但这种情况极其罕见。“汽车”“苹果”“过年食品”等日常的普通名词被称作大范围词语，不出名的店铺要想仅凭这样一个词语就被显示在前面是不可能的，需要将两三个词语组合到一起。

卖苹果的店如果准备了由“苹果 青森 有机栽培”三个词语组成的复合搜索，就**可能在该特定搜索领域被排在靠前的位置**。两三个词语组成的复合词会成为被显示在前列的决定性因素。

◆ 确定所选词语的搜索次数

如果进入了几乎不被搜索到的过小的搜索领域也是毫无意义的。像将“青森”换为“黑石”这样的限定地域时，因为搜索范围变得狭小，可能会被显示在前面，但如果被搜索的数量也减少，同样会影响到销售额。商品最低要保持在一个月内被搜索 2000 次左右。“苹果 青森 有机栽培”的组合搜索次数可利用“Google 关键词工具”进行查看。

所以，① 查找对自己店铺有利的搜索领域内的复合关键词；② 确认被搜索的该组合复合词的次数是否多；③ 将选好的搜索词用在网站内的文本中。如果经过上述三个步骤后选中的词语效果仍不好，可即刻进行更换，这也是网络的一大有利点。

当然，如果该商品确实在“青森”种植却并非“有机”农产品，只是**店家为了能够被快速搜索到而做出的虚假宣传，这样的店铺终究会被淘汰。**

想出各种复合关键词！

仅靠一个大范围的词语，就期望被列入索引的前几位是不可能的，因此……

苹果	搜索

组合成复合关键词，瞄准目标领域

苹果　青森　有机栽培	搜索

除此之外，例如

年节菜　三重套盒　配送日期	搜索

蟹　北海道　冷藏	搜索

芝士蛋糕　名店　因故促销	搜索

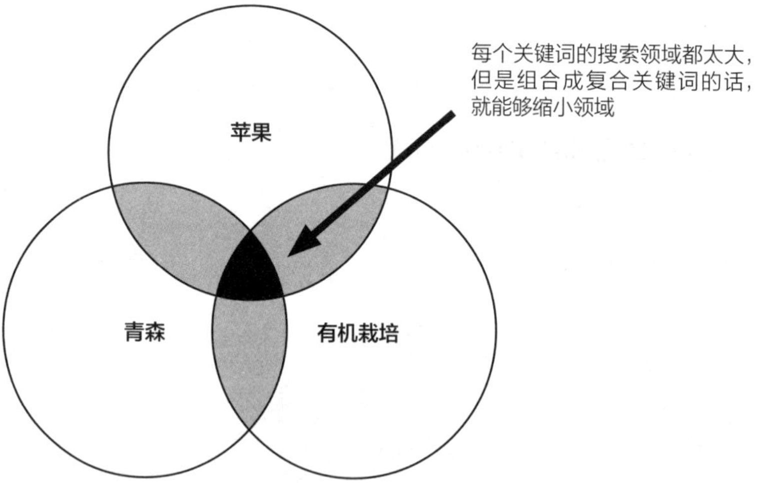

04 让人忍不住想打开看看的吸引人的标题

即使搜索时被显示到前列，如果不被顾客点击也毫无意义

◆“标题”可提高点击率

接着介绍一下如何编写被搜索到的内容。

搜索结果画面中表示出的各项目为一行蓝色的文字标题，其下面是三行左右的文章。当然，排在前面的项目更引人注目，点击率也更高。

然而关注度不止由排列的顺序决定。即使稍微排在后面，第一行的标题如果能够引起顾客足够的兴趣，就会提高点击率。**即使排在最前面，普通且乏味的标题不能吸引顾客点击也是徒劳。**

虽然 SEO 法很重要，可要想在搜索时被排序在前面是非常难的，所以如何用标题引起顾客的兴趣就变得非常重要。即使被排到第四位和第五位，题目如果足够吸引人，同样可以提高点击率。

◆ 吸引顾客“定睛细看”的文本内容

在搜索结果画面并排显示的题目中，包括被称作“题目标签”的部分 HTML 文本内容，对这部分文本内容，店家必须字斟句酌，力求引起顾客的兴趣。题目标签是 Web 制作的基础知识之一，所要求的技术难度并不大。

制作题目标签内容的方法与选择搜索关键词一样，重要的是列出可留住顾客目光的关键词。如果是卖苹果，顾客的目光会停留在“网络销售”“产地直送”“有机栽培”等明显是销售网站的关键词上，注明苹果的品种等内容也是不错的方法。

如果价格便宜，在标题一行置入“价钱”会收到不错的效果。我们在 190 页曾经讲过人的眼睛会先扫视标题的左边，所以建议**将最易受关注的关键词放置在最左边。**

用“吸睛”的标题来引起顾客的兴趣！

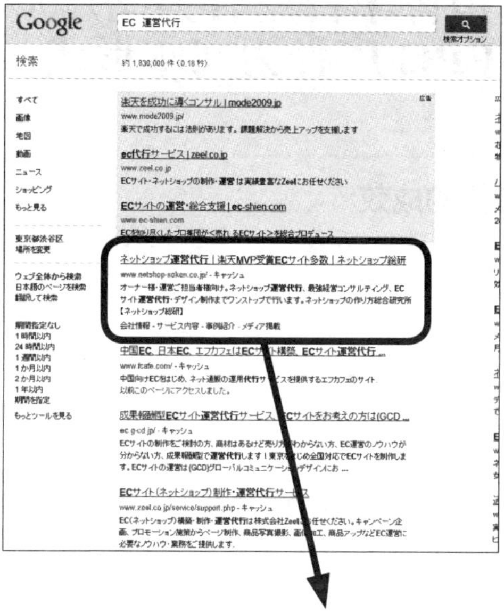

搜索结果页面上显示的各个条目，由蓝色的文字标题，以及下方三行左右的文章构成

ネットショップ**運営代行** | 楽天MVP受賞**EC**サイト多数 | ネットショップ総研

www.netshop-soken.co.jp/ - キャッシュ

オーナー様・運営ご担当者様向け。ネットショップ**運営代行**、最強経営コンサルティング、**EC** サイト**運営代行**・デザイン制作までワンストップで行います。ネットショップの作り方総合研究所【ネットショップ総研】

会社情報 - サービス内容 - 事例紹介 - メディア掲載

标题对顾客的吸引力，是提高点击率的关键所在

```
<!-- Created by netshop-souken.co.jp -->↓
<title> ネットショップ運営代行 | 楽天MVP受賞ECサイト多数|ネットショップ総研 </title>↓
<script language="JavaScript" src="js/netshop.js"></script>↓
<script src="Scripts/AC_RunActiveContent.js" type="text/javascript"></script>↓
<!-- <meta name="slurp" content="noydir">-->↓
<style type="text/css">↓
<!--↓
.style42 {↓
        color: #666666↓
}↓
```

列于搜索结果页面的蓝色文字标题（下划线部分），会显示 HTML 的 title 标签部分的文本

05 网络销售平台广告为图片形式，PPC 广告为文本形式

随随便便刊登不会有好的成效

◆ 不醒目的图片毫无意义

前面曾经提过 Web 广告大致分为“网络销售平台广告”和“PPC 广告”两种类型。

网络销售平台广告指店铺在网络销售平台主办方设置的广告区域内刊登的广告。如主办方开办“过年食品特辑”的广告空间，各店铺须购买该广告空间。广告的体裁一般由横幅广告图片或二十到三十篇短文构成。

过年食品特辑中，即使少说也有二十到三十个店铺刊登出众多的横幅广告图片。**如何让图像醒目，就成为提高广告效果的决定性因素。**提高广告效果的图片制作方法请参照本书栏目中的 1—6 专栏。

◆ 试销以提高广告的宣传效果

PPC 广告是“Pay Per Click 广告”的简称，指搜索引

擎的搜索结果图面等广告空间内刊登的广告。即使是广告，如果排在前面，点击率就会增高，并在投标中显示在前列。与网络销售平台广告不同，PPC 广告不使用图片，完全靠文章一决胜负。

广告内容大致分为标题和说明内容两部分。标题内的搜索关键词“加粗”显示，更容易被关注、点击。要点在于撰写出包含**限定感、稀少性、低价、建议、趋势**等的内容。

技巧是先撰写几篇文章，通过试用，测试顾客的反应，最后选择点击率高的文面，以获得更好的广告效果。先做早期试验是利于实际广告期的最佳做法，而精度如此高的试营销也正是利用了网络的特长。

购物中心广告和 PPC 广告的页面范本

情人节特辑中登载得满满的购物中心的广告

搜索引擎的搜索结果页面的上部和右侧是 PPC 广告的空间

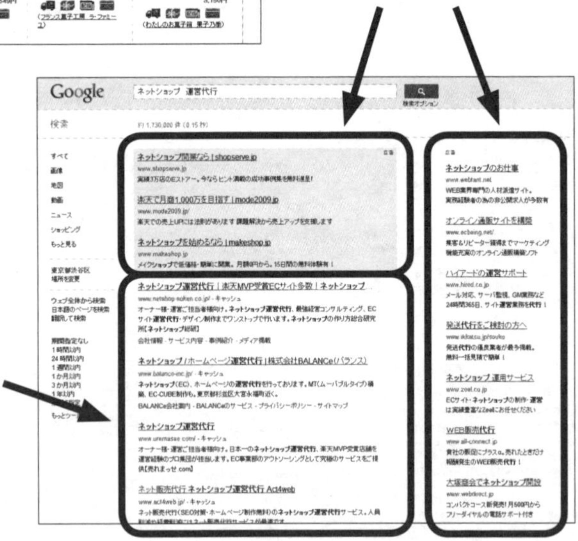

此处显示的是不被广告主的意向所左右的单纯的搜索结果。顺带提一下，这种自然的搜索被称作“有机搜索”

06 现在就对滥用邮件的现象加以纠正，恢复邮件的应有状态

恢复电子邮件广告本来的功效，对滥用邮件加以控制

◆ 电子邮件广告的平均开封率不到 1%

在日新月异的 Web 业界，“电子邮件广告”是长期被应用的非常标准的媒体，可近几年其集客效果逐渐下降。

“平均开封率不到 1%”，也就是说，有时甚至一百人里也没有一个人打开过邮件广告。与 DM 不同，电子邮件因为免费，又可以同时发送给多人，劣质邮件广告堆积如山，给顾客带来困扰，导致顾客不再愿意打开邮件浏览内容。

利用网络销售平台开店的店铺会员地址所有权归网络销售平台方所有，网络销售平台将该所有权向各店铺出售。A 店的会员地址也被卖到其他店铺，导致 B 店、C 店、D 店也对未到过自己店铺购物的顾客发送广告，这种常规态势使得邮件广告的质量大幅下降。

◆ 电子邮件广告的本质是“沟通的工具”

有一种说法是从大型网络销售平台发送出的邮件是日本人口数量的四倍。尽管这不是准确的数字，但可以肯定的是该数量非常庞大。

这也成为出现紧急情况时干扰通信的原因之一，会引发大的问题。东日本大地震时，就曾经以此为由对大型网络销售平台发送的邮件进行了限制，要求一周仅允许发送一次邮件。讽刺的是，结果反而出现邮件广告的开封率略有上升的迹象。

从本质来看，邮件广告就是和顾客交流沟通的工具，**开头最好避免出现太多的商品介绍等营销内容**。即使是实体店，假如顾客刚进服装店时，就有人过来推荐购买商品，大概顾客会敬而远之吧？争取顾客的捷径首先应该是让顾客了解店铺以及负责人。

尽管说了这么多负面效果，但如果能够正确灵活地应用邮件广告，仍不失为有效的集客媒体，以下就总结了理想的邮件广告是怎样的。

理想的邮件杂志范本是这样的！

▼突然ですが、「谷間の姫百合」とは何のお花でしょうか。

本日ご紹介するお花の別名なんです。

ヒントは……

北海道を代表する、

「白くて可愛いお花」のことです！

こんにちは！
メルマガ担当「大ちゃん」です。

■■■■■■■■■■■■■■■■■■■■■■■■■■■■■■
お母さんいつもありがとう♪【母の日特集】
http://store.shopping.yahoo.co.jp/foodlife/caeca4cec6.html
■□

グルメ食生活
北は北海道から南は沖縄までニッポンの逸品、産地直送！
グルメ食生活「フードライフ」
<!--STORETOP-->

★YAHOO！ショッピング 新人賞受賞（2005年度上半期）

★当店では【安心の商品お取替えサポート】でお客様に安心して
お買い物を楽しんで頂けるよう努力いたします。
http://store.yahoo.co.jp/cgi-bin/clink?foodlife+fssSYP+support.html

さて、正解はコチラ！

見た目は鈴のような可愛らしいお花♪

だから、この名が付きました！

鈴　蘭（すずらん）

“开场白”很重要，要加入吸引消费者读下去的内容

报上负责人姓名是必要的，这点和写信是一个道理

行与行之间要空开距离以便阅览。每一行的字数未必要相同，但要注意在适当的地方进行换行

▼お客様の喜びの声
==
花好きの母にプレゼントしました。
とっても、喜んでくれて、送って良かったです。
しっかりした茎のすずらんが8本、そしてかわいい白い花が、
微笑んでいるようです！ホントに良い香りですね！
北海道直送だけあって清々しい感じです！

母の日に贈ったのですが、
すずらんがとてもかわいかったと喜んでくれました。
チーズケーキもおいしかったそうです。
お花とスイーツのセットは好評でした。
==

顾客的评论有一定的宣传效果，要尽量登载进去

プロの花職人が丹精込めて育てた

可憐で優しいお花「すずらん」」が

↓　↓　↓　↓　↓

母の日特別価格

3 6 0 0 円

しかも【送料無料】になります。

清楚地告知消费者商品的价格和运费的有无。需要突出强调的内容，可以如上进行标记

07 锁定对象的“目标定位邮件广告”

使用针对顾客个体对象的文章形式

◆“给 40 多岁的您的一封信”会让顾客感到被重视

不是将邮件一起发送给所有会员，而是锁定各层的目标对象，有针对性地发送邮件广告，有望提高邮件的开封率。重点是**如何划分出各目标对象群，并选择出对应的推荐商品**，再者就是注重文章内容与形式。

例如，以“给 40 多岁的您的一封信”开头，向顾客推出户外烧烤系列商品等提议。这样会很容易吸引 40 岁左右男性的目光，增加该邮件被浏览的概率。整篇文章可以以书信的形式进行书写，内容会让人备感亲切。

不只是年龄、性别可作为划分的标准，还可以根据地域的不同锁定各目标顾客群。例如，对在高校棒球赛中获胜的高校所在区域范围内的顾客发送举办优胜纪念特卖活动通知的邮件广告，就很合时宜。

◆ 为日本盂兰盆节、年底等购物活动提供全方位服务

有的店铺曾用“定点邮件”的方式对 40 岁左右的女性推销过年用的螃蟹，效果不错。

年底很多公司职员会给领导送礼，但实际上挑选购买礼品的几乎都是他们的夫人。所以文章以“女士”称呼开头，文中对女士们要费心帮助忙碌的丈夫挑选礼物的劳心劳神表示理解。对于连向何人送礼都不知道的 40 岁左右的女性来说，这样的文章会唤起她们的共鸣。店铺要让顾客知道只要告知被送礼人的地址，该店就可以提供从做预算到最终选好礼物在内的全方位服务。

从“**为顾客解决烦恼**”的立场来考虑，就会对顾客用心地发出适合每一位顾客的邮件广告，而不是因为乱发邮件引起顾客的反感，导致沟通不畅。

效果显著！锁定目标的邮件杂志的范本

バレンタインのお返しに悩む男性の皆さまへ！
今日はとっておきをご紹介しちゃいますよ♪

以前にテレビで放送されたときの事。

「試食をしたお客様が、
みんな２～３個まとめて買っていくんですよ～」

http://store.shopping.yahoo.co.jp/foodlife/260805219609001-w.html

そう、そうなんですよ！

ちゃ～んと理由があるわけです。

こんにちは！
メルマガ担当「大ちゃん」です。

限定白色情人节，面向年轻男性的范例

<<ふたくち～ずオイシサの秘密
わかりやすく図解>>

□□□□□□□□□□□□□ ←爽やかな後味のヒミツ
□□□□□□□□□□□□□ 　サワークリーム

←しっとり濃厚なレアチーズケーキ

■■■■■■■■■■■■■ ←軽い食感のヒミツ、
■■■■■■■■■■■■■ 　程よい厚さの「タルト生地」

見事な三層コラボレーション♪
美味しいチーズケーキの完成です！

これがですよ！

| ¥８４０ | というお手軽価格なんです！

↑ちなみに６個入りの価格です。

像这样，不仅可以通过文本形式，还可以用图形来展示商品。不过，有时图形不一定会收到预期的效果，因此不能多用

しかも、

１個ずつ丁寧にセロファンで包まれて

化粧紙でおおい、小箱にそっと詰めた

見た目にも可愛らしいと女性の方に大人気♪

というわけで……

「試食をしたお客様が、みんな２～３個まとめて」

なるほど、これは頷けちゃいますね！

给文字加上着重点，就能够突出你想要传达的部分

08 为保证“稳定客源”所制定的集客（吸引顾客）、接待顾客以及增加客源的计划

为确保稳定的销售额

◆ 认真对待每一位顾客，以增加顾客成为回头客的概率

可以将店铺的客源分作三个阶段，即“吸引顾客来店购物”“接待顾客”“增加客源”。吸引许多新顾客来店购物（集客）、接待顾客时尽量让顾客感到满意（待客）、增加新顾客成为老顾客的数量（增客）是任何商业活动都通用的基本法则。

前面已对搜索策略、广告、邮件导购等“集客”方法作了陈述，最后对“待客”“增客”加以说明。

待客的关键就是本书的主题内容“商品展示”以及“回应顾客的需求”。

例如，**是否对顾客的咨询认真地加以回复？**尽管大前提是顾客必须对商品本身感兴趣，可如何“待客”是买过一次商品的顾客能否成为回头客，甚至成为“稳定客源”

的关键。

◆ 一点点培养出自己店铺的“粉丝”

店铺要想稳定运营，重要的是如何增加“老客、常客”的数量。这样的顾客在想买东西时就会来该店进行购买，可以说是该店的“粉丝”。这样的固定客源的比例越高，店铺的销售额就越稳定。

要想尽可能让更多的顾客成为稳定客源（增客），就要从平常做起。基本步骤是争取让来店看看的顾客购买一次，对有过一次在该店购物经验的顾客，争取让其进行二次购买，买过两次后再买第三次……如此**一步步让新客转变为老客。**

像对初次购物的顾客，可举办“仅限初次购物者的特惠活动”，如双倍积分或赠送优惠券，对促使顾客下次购买很有效果。而接下来要讲到的“跟踪邮件”对扩散特惠活动的消息十分有效。

培养店铺粉丝的步骤

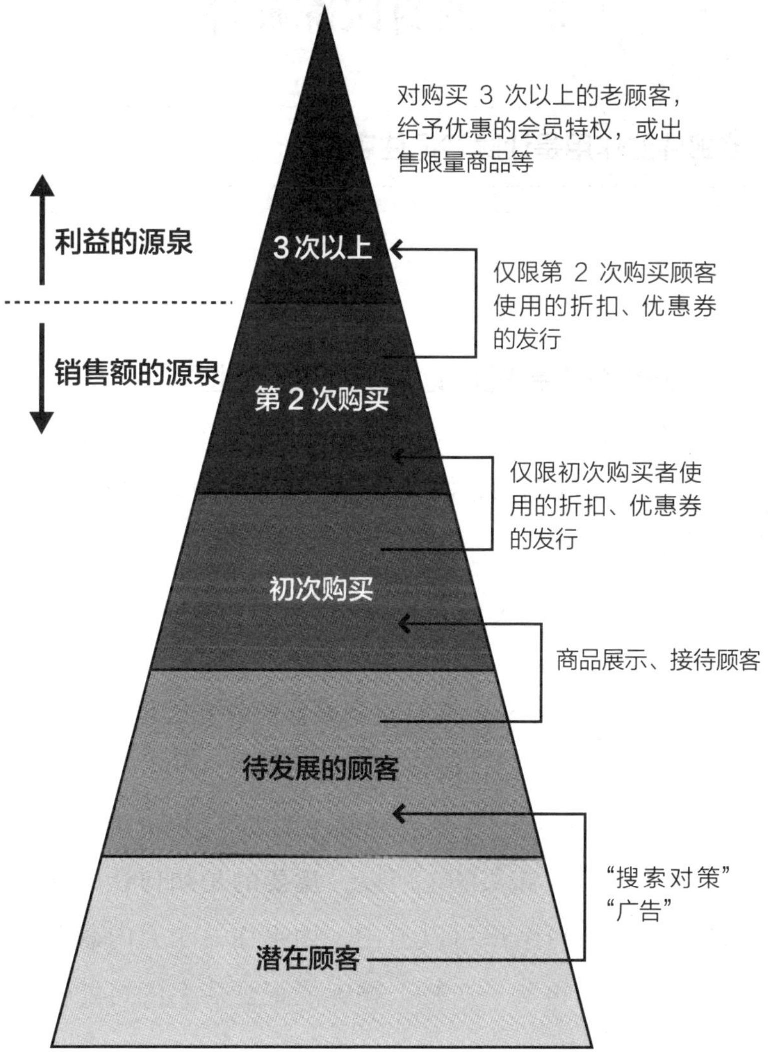
对购买 3 次以上的老顾客，
给予优惠的会员特权，或出
售限量商品等
利益的源泉
3 次以上
仅限第 2 次购买顾客
使用的折扣、优惠券
的发行
销售额的源泉
第 2 次购买
仅限初次购买者使
用的折扣、优惠券
的发行
初次购买
商品展示、接待顾客
待发展的顾客
“搜索对策”
“广告”
潜在顾客

09 为吸引顾客二次购物所发出的三四封跟踪邮件

该邮件的作用是让顾客记住店名

◆ 网店的弱点是难以让顾客记住“地方”

要想让顾客变成回头客，就必须想办法让顾客在一个月内就进行二次购物。如果顾客能够二次购买，成为老客的概率就会大幅提升。

顾客如果在实体店购过一次物，应该会记住该店，即使不记得店名，去该店的路也会记得的。而网店的各竞争店铺间通常大同小异，而且直到顾客购物完成也不必耗费什么体力，很不容易让顾客记住。

顾客即使记得“在乐天网站上买的”，也很难具体说出是在乐天哪家店买的，所以，**重要的是如何让顾客记住店名**。从分析结果可以看出，如果在一个月内想办法让顾客到该店再购一次物，顾客能记住店名的可能性就大多了。

◆ 顾客购买后，店家发送的第四封邮件决定胜负

顾客在购买商品时，店家在接到订单后，立刻回复一封表达谢意的邮件，发货前再发送一封确认联系方式的邮件。

这两封邮件都是普通的邮件，为了让顾客更清楚地记住店名，再发送一次邮件就显得格外重要，该邮件就是**“收到商品了吗？”“味道是否让您满意？”等内容的发货后的跟踪邮件。**

不必期待顾客会回信，但万一顾客对商品不满意，就会回复表示不满。这样反而利于店家及时处理问题，以免顾客在商品的评价栏中公开自己的不满。

在顾客购买商品后 30 天左右再发送第四封邮件。该邮件向顾客推荐和第一次购买物品有关的商品，即使大幅度降价也不为过。

不管怎样，如果能让顾客二次购物，顾客记住店名的可能性就变大，进而成为常客。

跟踪邮件的参考范例

○○○○○○○○○○様

お世話になっております！
グルメ食生活「フードライフ」店長の●●でございます。
この度は【加賀屋おせち】をご利用頂きまして
本当にありがとうございました。

2007年12月31日にお届け致しました【加賀屋おせち】の
ご感想・ご意見を頂戴したくアンケートをお送り致しました。
お忙しい折とは存じますが、本年度、より満足頂ける
おせち料理をお届けする為にも、是非ご協力頂ければ
幸いでございます。

すでに多くのお客様から「来年もお願いします」という声に感涙し、
また中には厳しいご指摘もございまして、
早速、加賀屋料理長「宇小氏」と本年度のおせち考案を行っている次第でございます。
皆様からのご意見を2009年度おせちに活かす事をお約束致します。

活用跟踪邮件，委托顾客进行问卷调查的实例

アンケートご返信方法　：　このままご記入の上ご返信くださいませ。

---------------8< -----チョキチョキ -----8<-----------------

【1】特に美味しかったお料理は何ですか？
（名称が分からない場合、色や形状を教えて頂けると幸いです）

【2】お口に合わなかったお料理は何ですか？
（名称が分からない場合、色や形状を教えて頂けると幸いです）

【3】全体の味付けはいかがでしたか？（　）に○を入れて下さい

（　　）濃すぎる
（　　）やや濃い
（　　）ちょうど
（　　）やや薄い
（　　）薄すぎる

【4】お届けされた際、中のお料理の偏りはありましたか？（　）に○を入れて下さい

（　　）大変きれいな状態で届いた
（　　）多少の偏りはあった
（　　）全成盛り付けが乱れていて、盛り付けなおした

【5】おせち料理全体を通してのご感想をお願い致します。
（1行でも結構です♪大切に読ませて頂きます☆）

---------------8< -----チョキチョキ -----8<-----------------

ご協力ありがとうございました！

ただ今、グルメ食生活「フードライフ」では
2008バレンタイン特集を開催中です♪
http://www.food-life.jp/category/56.html

跟踪邮件不一定非要做问卷调查，可以向顾客展现店铺的态度，提高店铺的信用

在邮件中告知顾客店铺正在销售的商品

お客様あっての、グルメ食生活「フードライフ」です。
これからも当店を支えて頂きますようお願い申し上げます。
今後ともどうぞ宜しくお願いいたします。

スタッフ一同、次回のご利用を心よりお待ちしております。
日頃の感謝をこめまして、メールにて失礼いたします。

この度は数あるお店の中から加賀屋おせちを
ご利用頂きまして本当にありがとうございました！

店長　●●●●

最后再次向顾客表达感激之情。同时写上店长的名字

10 让消息一下子扩散的社交媒介的利用方法

能否灵活应用传播媒介关系到销售业绩两极化

◆ 社交媒介可以起到让口碑好的店铺自动升值的效果

除了邮件广告，Twitter 与 Facebook 等社交媒介（SM）也成了与顾客建立联系的重要纽带。又因为是免费使用，**自 2011 年以后，网店利用社交媒介的数量急剧增加。**

SM 具有顾客可主动将店铺发送的信息进行扩散的极大优势。举个例子来说，顾客如果将 Twitter 收到的信息转发到他（她）的朋友圈，那么就相当于口碑好的店铺 PR 自动增值。

◆ 广告不要太露骨，需要有个限度

只是作为促销媒介，要想通过 SM 提高效果，必须形成某个程度以上的规模。**Twitter 至少需要有 10000 人，Facebook 的朋友圈至少有 500 人**，如果能达到这个规模，

销售效果就会显现。

必须注意的是，不可流露出太重的“商业气息”。**适宜的频率是在十次的推送中，有一次是为店家做宣传。**如果毫无节制地发送广告，受信人会慢慢地敬而远之。

其他还有曾被禁止商业使用的mixi，自从2011年9月被解禁后，企业开始利用其制作网页。

只是，用mixi的人多以十多岁、二十多岁的年轻人为主，店铺应考虑该年龄层是否与本店的目标顾客群相符，再决定是否有必要利用mixi。

探索灵活运用社交媒体的方法

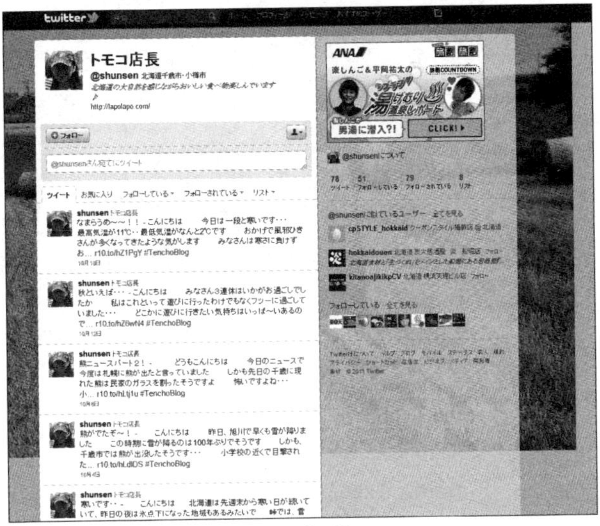

从北海道发来的店长的 Twitter 时间轴

我所经营公司的 Facebook 页面

后记

感谢您读完本书！本书中介绍的技巧都是基本内容，要想将所有内容立刻加以实践并不是件简单的事情。

将本书放到随手可拿到的地方，如果能在店铺运营中反复用到书中的内容，我将感到万分荣幸！

* * *

我确信网络销售将成为食品流通销售的主要渠道。

最近，除“优惠券事件”外，相继出现了从外国进口的食品混入危险物质，以及即使日本国内也出现了假报产地等问题，使得大众对食品安全的关心度空前高涨。

即使处在现在这个风口浪尖上，本书中介绍过的可确保安全性的信息发布，以及如何迅速答复顾客等网络销售的优势都直接关系到顾客的需求。学会77种技巧，了解顾客的实际需求，提升业绩。

* * *

2011 年，Twitter 与 Facebook 等社交媒介得到了爆发式的广泛应用，并有许多相关专业书籍出版。

结合书中讲述的邮件广告以及售后服务等内容，“待客”的概念被多样化，店铺与顾客之间的沟通形态大为改观。

不用说食品网络销售业界可以被称作社交媒介的“主战场”，社交媒介将对网络销售成为食品流通主流起到推动性作用。

我在将 Twitter 和 Facebook 用于各种场合的同时也对其成果进行检验。网络销售的一大优点就是可根据正确的数据自行检验实施策略后的成果。

而如何将验证过的结果用在下次的营销策略中，即与本书内容密不可分的 Web 市场相关的详尽技能、如何灵活运用社会媒介等内容，我会在适当的时机予以发表。

* * *

作为作者，尽管我编写了此书，可从我进入食品网络销售行业到现在也不过十余年，自身仍时常要以初学者的觉悟面对各种挑战，希望能与各位携手合作、切磋，为业界的发展尽一份绵薄之力。

长山卫

“服务的细节”系列

《卖得好的陈列》：日本“卖场设计第一人”永岛幸夫

定价：26.00 元

《为何顾客会在店里生气》：家电卖场销售人员必读

定价：26.00 元

《完全餐饮店》：一本旨在长期适用的餐饮店经营实务书

定价：32.00 元

《完全商品陈列 115 例》：畅销的陈列就是将消费心理可视化

定价：30.00 元

《让顾客爱上店铺 1——东急手创馆》：零售业的非一般热销秘诀

定价：29.00 元

《如何让顾客的不满产生利润》：重印 25 次之多的服务学经典著作

定价：29.00 元

《新川服务圣经——餐饮店员工必学的 52 条待客之道》：日本“服务之神”新川义弘亲授服务论

定价：23.00 元

《让顾客爱上店铺 2——三宅一生》：日本最著名奢侈品品牌、时尚设计与商业活动完美平衡的典范

定价：28.00 元

《摸过顾客的脚才能卖对鞋》：你所不知道的服务技巧，鞋子卖场销售的第一本书

定价：22.00 元

《繁荣店的问卷调查术》：成就服务业旺铺的问卷调查术

定价：26.00 元

《菜鸟餐饮店 30 天繁荣记》：帮助无数经营不善的店铺起死回生的日本餐饮第一顾问

定价：28.00 元

《最勾引顾客的招牌》：成功的招牌是最好的营销，好招牌分分钟替你召顾客！

定价：36.00 元

《会切西红柿，就能做餐饮》：没有比餐饮更好做的卖卖！ 饭店经营的“用户体验学”。

定价：28.00 元

《制造型零售业——7-ELEVEn 的服务升级》：看日本人如何将美国人经营破产的便利店打造为全球连锁便利店 NO.1！

定价：38.00 元

《店铺防盗》：7 大步骤消灭外盗，11 种方法杜绝内盗，最强大店铺防盗书！

定价：28.00 元

《中小企业自媒体集客术》：教你玩转拉动型销售的 7 大自媒体集客工具，让顾客主动找上门！

定价：36.00 元

《敢挑选顾客的店铺才能赚钱》：日本店铺招牌设计第一人亲授打造各行业旺铺的真实成功案例

定价：32.00 元

《餐饮店投诉应对术》：日本 23 家顶级餐饮集团投诉应对标准手册，迄今为止最全面最权威最专业的餐饮业投诉应对书。

定价：28.00 元

《大数据时代的社区小店》：大数据的小店实践先驱者、海尔电器的日本教练传授小店经营的数据之道

定价：28.00 元

《线下体验店》：日本“体验式销售法”第一人教你如何赋予 O2O 最完美的着地！

定价：32.00 元

《最强导购成交术》：解决导购员最头疼的55个问题，快速提升成交率！
定价：36.00元

《帝国酒店——恰到好处的服务》：日本第一国宾馆的5秒钟魅力神话，据说每一位客人都想再来一次！
定价：33.00元

《餐饮店长如何带队伍》：解决餐饮店长头疼的问题——员工力！ 让团队帮你去赚钱！
定价：36.00元

《漫画餐饮店经营》：老板、店长、厨师必须直面的25个营业额下降、顾客流失的场景
定价：36.00元

《店铺服务体验师报告》：揭发你习以为常的待客漏洞 深挖你见怪不怪的服务死角 50个客户极致体验法则
定价：38.00元

《餐饮店超低风险运营策略》：致餐饮业有志创业者 & 计划扩大规模的经营者 & 与低迷经营苦战的管理者的最强支援书
定价：42.00元

《零售现场力》：全世界销售额第一名的三越伊势丹董事长经营思想之集大成，不仅仅是零售业，对整个服务业来说，现场力都是第一要素。

定价：38.00 元

《别人家的店为什么卖得好》：畅销商品、人气旺铺的销售秘密到底在哪里？ 到底应该怎么学？ 人人都能玩得转的超简明 MBA

定价：38.00 元

《顶级销售员做单训练》：世界超级销售员亲述做单心得，亲手培养出数千名优秀销售员！ 日文原版自出版后每月加印 3 次，销售人员做单必备。

定价：38.00 元

《店长手绘 POP 引流术》：专治“顾客门前走，就是不进门“，让你顾客盈门、营业额不断上涨的 POP 引流术！

定价：39.80 元

《不懂大数据，怎么做餐饮？》：餐饮店倒闭的最大原因就是“讨厌数据的糊涂账”经营模式。

定价：38.00 元

《零售店长就该这么干》：电商时代的实体店长自我变革。

定价：38.00 元

《生鲜超市工作手册蔬果篇》：海量图解日本生鲜超市先进管理技能

定价：38.00 元

《生鲜超市工作手册肉禽篇》：海量图解日本生鲜超市先进管理技能

定价：38.00 元

《生鲜超市工作手册水产篇》：海量图解日本生鲜超市先进管理技能

定价：38.00 元

《生鲜超市工作手册日配篇》：海量图解日本生鲜超市先进管理技能

定价：38.00 元

《生鲜超市工作手册副食调料篇》：海量图解日本生鲜超市先进管理技能

定价：48.00 元

《生鲜超市工作手册 POP 篇》：海量图解日本生鲜超市先进管理技能

定价：38.00 元

《日本新干线 7 分钟清扫奇迹》：我们的商品不是清扫，而是“旅途的回忆”

定价：39.80 元

《像顾客一样思考》：不懂你，又怎样搞定你?

定价：38.00 元

《好服务是设计出来的》：设计，是对服务的思考

定价：38.00 元

《让头回客成为回头客》：回头客才是企业持续盈利的基石

定价：38.00 元

《餐饮连锁这样做》：日本餐饮连锁店经营指导第一人

定价：39.00 元

《养老院长的 12 堂管理辅导课》：90%的养老院长管理烦恼在这里都能找到答案

定价：39.80 元

《大数据时代的医疗革命》：不放过每一个数据，不轻视每一个偶然

定价：38.00 元

《如何战胜竞争店》：在众多同类型店铺中脱颖而出

定价：38.00 元

《这样打造一流卖场》：能让顾客快乐购物的才是一流卖场

定价：38.00 元

《店长促销烦恼急救箱》：经营者、店长、店员都必读的“经营学问书”

定价：38.00 元

《超市投诉现场应对指南》：来自日本的超市精细化管理实操读本
定价：60.00元

更多本系列精品图书，敬请期待！